微尘大爱 温暖你我

——寻找微尘二十年

蔡勤禹 主编

中国海洋大学出版社

·青岛·

图书在版编目(CIP)数据

微尘大爱 温暖你我：寻找微尘二十年 / 蔡勤禹主

编. — 青岛：中国海洋大学出版社，2024.12.

ISBN 978-7-5670-4082-3

Ⅰ. D632.1

中国国家版本馆 CIP 数据核字第 2024LM8908 号

出版发行	中国海洋大学出版社				
社　　址	青岛市香港东路 23 号		**邮政编码**	266071	
出 版 人	刘文菁				
网　　址	http://pub.ouc.edu.cn				
电子信箱	cbsebs@ouc.edu.cn				
订购电话	0532-82032573(传真)				
责任编辑	孙宇菲　郝倩倩		**电　　话**	0532-85902342	
印　　制	青岛泰兴印刷有限公司				
版　　次	2024 年 12 月第 1 版				
印　　次	2024 年 12 月第 1 次印刷				
成品尺寸	170 mm×240 mm				
印　　张	12.25				
字　　数	143 千				
印　　数	1～1000				
定　　价	79.00 元				

发现印装质量问题,请致电 13658665976,由印刷厂负责调换。

编 委 会

序

　　微尘作为我国著名公益品牌，至今已走过20年的历程。在青岛市红十字会的支持下，2008年成立青岛市红十字微尘基金，2019年成立青岛市微尘公益基金会（以下简称微尘基金会）。微尘基金会成立以来，持续关注以儿童"生命、健康、教育"为核心的救助领域，累计募集善款超过1亿元，爱心足迹遍布全国17个省份20多个地区，开展大病救助、喘息日服务、微尘阳光少年、大学生助学、博爱小学等30多个项目，直接受益人群10万余人，生动诠释了"微尘有情，博爱无疆"的微尘精神。

　　"微尘"在公益慈善领域的贡献，获得了社会的广泛赞誉，先后获得第二届"全国十大社会公益之星"、首届"中华慈善奖"、"山东省十大新闻人物"、中央电视台"感动中国"2006年度人物、山东省庆祝改革开放40周年感动山东人物（群体）奖等全国各级荣誉奖项，成为公益领域的标杆和典范。这些荣誉不仅是对青岛市红十字会、微尘基金会工作的肯定，更是对全体无名"微尘"无私奉献精神的褒奖。

　　习近平总书记对红十字事业给予高度评价。他强调："我国红十字事业是中国特色社会主义事业的重要组成部分，中国红十字会是党和政府在人道领域联系群众的桥梁和纽带。"微尘基金会始终践行人道、博爱、奉献的红十字精神，引领着全市公益慈善事业的发展，以实际行动发挥了"第三次分配"的积极作用。博爱、无私、奉献的微尘精神，成为城市精神的重要组成部分，为全市精神文明建设作出重要贡献。

　　党的二十届三中全会通过的《中共中央关于进一步全面深

化改革、推进中国式现代化的决定》提出："支持发展公益慈善事业。"因此，对寻找微尘现象进行研究，总结微尘基金会发展经验是十分必要的。现由中国海洋大学青岛市红十字文化与微尘公益研究院对此进行专题研究，在书稿即将出版之际，嘱余写序。通览书稿，首先，本书从人道主义视角，详细考察了微尘基金会在"生命、健康、教育"三大领域的贡献，其对于提升青岛城市温度，促进社会发展和构建人类命运共同体，促进"第三次分配"发挥了重要作用。

其次，本书深入分析了微尘基金会的组织架构与运作，探讨了微尘品牌建设的经验，公信力建设的有益做法，公益募捐的创新举措，以及微尘基金会的管理等，有助于读者深入了解微尘基金会的成长与发展的历史和经验。

再次，本书从历史文化的角度，从传统文化、外来文化、城市文化以及青岛市红十字会诸种角度，详细梳理了"微尘"兴起的文化渊源，探讨了其文化底蕴以及红十字组织力量对于孵化"微尘"所具有的持久影响力，为读者深入读懂"微尘"何以诞生提供思考。

最后，本书从传播学的角度分析了微尘基金会运用新媒体及数字技术扩大影响力，微尘品牌与青岛城市品牌之间互动与共生，以及借鉴国外公益品牌的发展历程扩大微尘品牌效应等方面的做法和经验，这对于公益组织在新时代的传播策略提供了有益启示。

我相信本书的出版将会促进微尘精神传播，推动微尘基金会事业更快、更好发展，特别希望青岛涌现更多像微尘一样的公益慈善组织，为中国式公益慈善现代化提供更多的青岛经验。

青岛市副市长兼青岛市红十字会会长　宋明杰

目　录

展望篇

微尘——"大爱青岛"最温暖的名字

文明是一座城市的内在灵魂,是引领城市发展的风向标。2023 年 5 月 8 日,"微尘大爱 温暖你我"青岛市第八届"微尘公益之星"颁奖盛典举行。经过评选,600 余份推选材料中产生微尘公益之星(个人)30 人,微尘公益之星(团体)30 个,微尘公益之星(企业)20 个。这些荣誉代表的不仅是一个个爱的故事,更是青岛这座大爱之城的标志,是乐于助人、甘于奉献的城市精神最生动的注解。

不因善小而不为,微尘精神处处发光

人们不会忘记,2004 年的最后一天,"微尘"通过青岛市红十字会为印度洋海啸灾区捐款 5 万元,并从此发展为这个城市一张爱心洋溢的公益名片(图 1-1)。"微尘"究竟是谁? 从 2005 年的第一天,我们就开始寻找"微尘"。起初,"微尘"是

图 1-1 2004 年,一对中年夫妇替朋友捐款 5 万元,现场留下"微尘"签名①

---

① 图片由青岛市红十字会提供。以下不再加注者,均为青岛市红十字会提供。

青岛一位数次捐款不留姓名的普通市民;后来,扩散成一个爱心群体;再后来,扩展成一个关爱他人的爱心符号。

10多年来,中共青岛市委宣传部、青岛市文明办、青岛市红十字会、青岛日报报业集团等青岛多个部门已联合举办了8届"微尘公益之星"先进典型宣传推选活动,突出宣传了数百个"微尘公益之星"的公益事迹,千万个"微尘"潮涌而出,引领社会新风尚。

本次评选出的"微尘公益之星",他们活跃在城市更新、乡村振兴、脱贫攻坚、环境保护的公益路上,在社会教育、医疗卫生、法律服务、社区参与、志愿服务的奋进途中——

"一名医生下乡一次,至少可以让30多个乡村家庭免于奔波。""90后"青岛市市立医院急诊外科主治医师袁丁自发拿出每周唯一的休息日,坚持从市区跨越120千米到西海岸新区大场中心卫生院,为村民们公益义诊,让村民享受到"小病不出镇、大病及时转诊"的优质医疗服务。他说:"我辛苦点不要紧,只要能给乡亲们解决问题,尽量就在当地解决。"

从热心人、志愿者再到公益事业带头人,十四载献身公益,崂山区志愿服务协会会长郭俊杰是大家眼中的"好人郭大哥"。2021年11月,郭俊杰被确诊为恶性黑色素瘤,只能通过做化疗控制病情。时间宝贵,只争朝夕,郭俊杰忍着病变带来的疼痛,一刻也不敢耽搁公益事业,他怕留给自己的时间不多了,还想多做一些公益。他说:"不管我将来在不在,我做的这些公益事业,希望由我的家人继续替我走下去。"

在青岛有这样一个微信群——"尚善群",共有来自各行各业的300多名群友,他们每天在群里发红包,有时候可能只有几元钱,但自2015年建群以来,群账户已经汇聚了200多万元。这些钱用于定向帮助有需要的人,比如改善偏远地区留守小学的学习环境,让失明的孤寡老人重见光明,支援武汉抗疫、河南防汛救灾等。

从最初的年献血人次不过百,经过30年发展到现在的年献血17000余人次,青岛27年内13次获评"全国无偿献血先进市"的背后,离不开每一位默默付出的爱心献血者。很多献血者都把无偿献血当作了生活习惯,有的每隔半个月就会准时出现在青岛市中心血站二楼献血大厅捐献血小板;有的不远百里从郊区赶来献血,风雨无阻;还有的人将一个人的奉献变成了全家参与的善举。

人人"日行一善",全年无休为独居老人、高龄老人、重残老人提供免费健康素食午餐,为他们搭建一个温暖的爱之港湾。截至2023年3月底,青岛市三家日善堂累计营业2060天,为老人提供健康午餐159524份,参与志愿服务累计29750人次,志愿服务时间累计142905.5小时。

瑞源控股集团自成立以来,通过扶贫济困、智慧养老、捐资助学、健康医疗、抗疫救灾等事项,累计投资、捐款数额高达4.3亿元,用实际行动阐释着新时代民营企业的家国情怀,用脚步丈量着慈善的温度……

"有一种爱不需要语言",是第一位"微尘"的原话;"不因善小而不为",是千万"微尘"后来者的以身践行。在悠悠岁月中接续书写爱心故事的"微尘"就是那些人、那些团队、那些企业,他们就活跃在我们身边,他们让这座城市每时每刻都在演绎着爱与关怀的动人故事,以微光聚成一道光亮,照亮大爱之城的远方和明天。

大爱光芒,是城市的软实力

20年弹指一挥间,为什么"微尘之光"非但没有因为时光流逝减弱,反而愈发熠熠生辉?答案是,青岛是一座有爱的基因的城市。置身这座大爱之城,你可以感受到爱心是可以传递的,大爱基因就在这座城市的血脉里流淌。城市之美,美在人;人之美,美在心。大爱光芒,让青岛拥有倾城之貌。这是城市的吸引力,更是城市的软实力。

青岛不止有"微尘",人们走上青岛街头,能直接感受到这座城市的温度,能看到一个城市持之以恒的善良。

2006年,徐雪林、何开功、莫立斌三位拾金不昧的好"的哥"用诚信赢得广大市民的赞誉。诞生于岛城出租车司机群体的"红飘带",很快成长为这座城市的文明标志,不断讲述着一个又一个动人的"红飘带"故事。2011年,爱心"的姐"慕春华看到一位老人在街头不慎摔倒昏迷,立即停车救助,让岛城"红飘带"再次飞扬。

"如果我遇到不测,就通知当地红十字会处理我的身后事,我是遗体捐献者。"每次参加救援行动,青岛红十字搜救队(原青岛红十字蓝天救援队)队长李延照都是第一个进入废墟。他率领团队创造的"青岛应急救援模式"已传遍全国。在他的带动下,青岛涌现出许许多多的"平民英雄"。他们不仅在青岛解救深山迷路的路人、入海救助被困礁石的游客,国内外灾害现场也有他们的身影。2023年,青岛组织28名应急志愿者赴土耳其参与国际志愿救援,弘扬人道主义,传播青岛大爱,传递中国自信。

2023年5月1日,李村河畔上演了惊险一幕,一位6岁男童不慎落水,危急时刻,市民戴志磊跳入河中,奋力将男童救上岸。救人后,浑身湿透的他问儿子"我帅不帅",目睹救人全过程的儿子笑着说"帅"……这一救人视频在网络上传播后,引发全网点赞,男子也被网友亲切地称为"帅爸"。他说:"我只是做了一件微不足道的小事。"

还有那些众志成城抗击新冠疫情的时刻,有无数最可爱的人,以枕戈待旦的坚守,以生命奔赴使命,筑起一道道守护生命的铜墙铁壁,最大程度保护人民群众的生命安全和健康……

他们是青岛千千万万个坚守志愿者岗位的代表。如今,在青岛市民当中,扶危济困、助人为乐已不仅仅是一句"口号",而是已经内化为市民的自觉行动,已经融入了市民的内心,凝固成了一种城市品格。

从"怒赞青岛"的北京游客,到直呼"善良伟大的青岛人民,我爱你们!"的武汉教授……多年来,青岛这座城市的善良本色一次又一次地在外地游人中"出圈"。城市大爱让原本脆弱的生命更加坚强,让深处困境的人们看到希望,这就是青岛这座城市带给人们的安全感和幸福感。

厚植志愿服务热土,"孵化"更多善意之举

文明是一座城市的内在气质,赋予城市发展生生不息的力量。时下,青岛正不断厚植志愿服务热土、凝聚志愿服务力量。

成立 15 年来,作为"微尘"的载体——青岛市微尘公益基金会救助体系日益完善(图 1-2)。从关注儿童生命、健康、教育项目到扶贫攻坚,微尘基金会已开展 30 余个救助项目,有数百位理事,足迹遍布全国 17 个省份 20 个地区,筹集款物 1 亿余元,直接受益人群 10 万余人。截至 2022 年底,微尘基金会已资助全国 17 个省份的 2 万余名微尘阳光少年,在全国先后设立 58

图 1-2　微尘公益基金会的标识

个博爱项目……2023年，微尘基金会继续围绕"生命、健康、教育"三大主题，持续擦亮微尘品牌，发挥基金会的优势和职能，加强品牌项目宣传推广，积极拓展筹资渠道，募集资金基本目标为832万元，争取目标为1000万元。微尘基金会更像是一个爱心"孵化器"，孵化慈善项目、孵化爱心志愿者、孵化公益规范。

为了让志愿服务精准便捷，青岛通过大数据赋能，整合志愿资源、推进智慧管理、优化服务流程，为志愿服务插上"互联网"翅膀。深化"五单"平台建设，实现志愿服务供需有效对接。在推广使用上，青岛依托"志愿服务云"小程序，推动志愿服务更加便捷。同时，推出"为老""一键呼叫"设备，实现日常健康监测、紧急情况一键呼叫，开展服务5600余次。

《青岛市红十字事业发展规划纲要（2022—2026年）》提出，未来五年，青岛市红十字会将以满足人民日益增长的美好生活需要为根本目的，着力推进红十字会治理体系和治理能力现代化，全面提升红十字会人道服务能力和水平。到2026年，青岛拟新增持证红十字应急救护员6万人以上，实现青岛全市所有镇街红十字会基层组织全覆盖，红十字会基层组织达到1500个，红十字会会员达到10万人，注册红十字志愿者达到2万人。

2023年5月8日晚8时，《微尘》大型公益无人机秀在青岛奥帆中心上空上演，500架无人机点亮夜空。无人机编队以天为幕，展示巨型二维码，讲述一个个感人至深的"微尘"故事，致敬"微尘"。让更多人在被"微尘"精神感动的同时，成为"微尘"群体中的一员，让"大爱青岛"这张城市名片更加熠熠生辉。

救人于危难，予世以温暖。萤烛末光，增辉日月，只要"微尘"之光不灭，我们的世界就会越来越美好。

（中共青岛市委宣传部）

实践篇

微尘救助提升社会温度

微尘诞生 20 年来,特别是在微尘基金成立后,广泛动员青岛企业界贡献爱心力量,多方筹措慈善款物,在促进公众参与公益慈善事业,共建良善社会,提升青岛城市温度方面,走在青岛前列。

一、救助服务,闪耀岛城

(一)聚焦助童事业,托举未成年成长

微尘基金锚定"生命、健康、教育"三大领域,以扶助贫困弱势儿童为发展方向,将未成年人教育与成长、健康与救助、安全与救援、留守及特殊儿童关爱、家庭教育与家风倡导等作为资助服务的重点,致力于资助困境学生、贫困家庭的患儿,改善困境家庭孩子的成长教育环境,服务于广大儿童的健康成长,以实实在在的慈善服务铺就广大儿童的健康之路、求学之路、成才之路。

1. 生命项目,关爱儿童健康

微尘基金的聚焦主题之一是"微尘·生命项目",此项目覆盖十多种重大疾病,主要致力于先天性心脏病、恶性肿瘤、白血病、再生障碍性贫血等血液病患儿的救助,向每位贫困家庭重大疾病患儿一次性救助 1 万元,对特殊疾病或因突发事件受到伤害的患者救助 2000 元至 50000 元。

2009 年,微尘基金成功救助了第一个先天性心脏病患儿文杰。微尘基金秘书长丁德亮说:"他(文杰)三四岁的时候就被发现患有先天性心脏病,到 2009 年 11 岁的时候病情已非常严重(图2-1)。我们为他提供了 1 万元善款,但他的父亲对我们深鞠

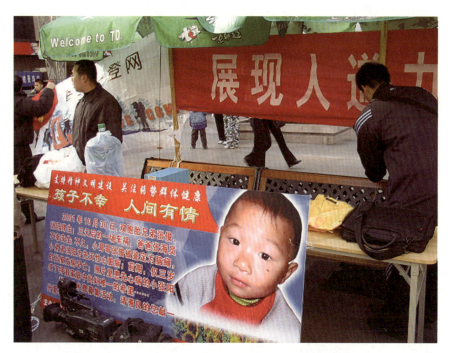

图 2-1　网络微尘们为先天性心脏病儿童街头募捐

一躬说'谢谢,我们不要救助了'。这句话让大家感觉'很揪心',因为文杰的家庭即使接受这笔救助,还是交不齐治疗费。后来,微尘基金理事又以个人名义再度捐助文杰,才帮这个家庭走出了泥沼。"

基于此,微尘基金发起贫困先天性心脏病儿童救助项目,首批救助了 18 名患儿。由于先天性心脏病手术成熟,治疗效果立竿见影,引起了其他慈善机构、企事业单位的极大关注,于是越来越多的公益组织和个人都参与其中,让先天性心脏病患儿家庭的负担越来越小。

2. 健康计划,关爱自闭症儿童

微尘基金的聚焦主题之二是"微尘·关爱自闭症儿童项目"。此项目从 2011 年启动,主要针对自闭症、脑瘫患儿的康复,同时开展自闭症教育培训。社会对自闭症儿童这一特殊群体了解不多,微尘基金特地从美国请来自闭症相关领域专家,为家长讲解症因,教授治疗方法。此项目引起青岛市政府关注,青岛市政府出台政策,由财政拨款,给予青岛户籍的自闭症患儿每人每月 500 元康复费用,一定程度上减轻了患儿家庭的经济负担和精神压力。后来越来越多的爱心企业、组织也开始关注、了解自闭症患儿,并积极参与公益行动,为自闭症儿童提供精神上的关爱和物质上的帮助。

微尘基金已经推动建立自闭症家庭社会救助机制,关爱自闭症患者及家庭,增进自闭症青少年及其家庭与全社会的融合,包括向贫困家庭每位患儿一次性救助 6000 元;通过挂牌长期支持自闭症康复机构、开展自闭症家长喘息服务、提供志愿者服务以及联合爱心企业组织资助出游活动等方式,帮助这些患儿家庭(图 2-2)。

图 2-2　微尘基金走访看望自闭症儿童

3.筑梦计划,助力教育事业

微尘基金聚焦主题之三是"微尘·筑梦计划",此计划主要致力于博爱小学、微尘班、微尘阳光少年、大学生助学等项目的开展,以改善教育现状为目标,帮扶困境家庭、留守儿童,资助改善学校教学条件,丰富学生课外活动,帮助贫困孩子改善家庭生活。

其中,阳光少年项目是微尘基金各救助项目中最具代表性和影响力的项目,此项目爱心足迹早已跨越青岛,遍布全国 17个省份,切实标志着微尘基金在增进儿童福祉、改善儿童民生、促进中国儿童慈善事业健康发展等方面作出的积极贡献。

少年晓乐(化名)是一个单亲家庭的孩子,从小和妈妈相依为命。在她不到三岁的时候,妈妈就先后患上白血病和胃癌,这些年来不断进行手术、化疗,不仅没法工作,还背负着巨大的医疗负担,娘俩只能靠低保以及社会爱心人士的资助生活。成为微尘基金阳光少年后,晓乐从中学开始就得到了一位"微尘"张先生的定向资助,每年获得 6000 元生活费和学费。在她拿到大学录取通知书的第一时间,微尘基金又立即为她拨付了 4000 元的大学生助学款。一位"微尘"王女士得知晓乐品学兼优,愿意每月提供 200 元的定向补贴用作她的大学生活费。一个原本艰难生存的孩子,就在各位"微尘"接力援助之下,一步步被托举着实现了自己的求学梦。而这种爱的力量不仅在本土生长,还响应国家号召,走向了甘肃陇南、贵州安顺、四川甘孜、西藏日喀则等重点扶持地区,让来自大海的"微尘"之光,汇聚细微善举,点亮山区孩子们的未来之路(图 2-3)。

图 2-3 云南迪庆的孩子们领到阳光少年助学金

(二)聚焦养老事业,传递银龄关怀

2021 年,《中共中央 国务院关于加强新时代老龄工作的意见》明确提出,"鼓励各类公益性社会组织或慈善组织加大对老龄事业投入"。这为公益慈善事业发展带来了新机遇,公益慈善组织日益成为助推养老服务发展的重要力量。微尘基金早在 2016 年便开始扶老助老之路,为老年人谋幸福、为养老人才谋福利、为养老机构谋进步、为养老事业谋发展,打造出了公益慈善助力养老服务的样本。

"微尘·新泰康孝行天下养老救助基金"于 2016 年 1 月成立,是青岛市首个养老方面的救助基金,救助对象是家中老人失能或半失能且经济困难的家庭,已先后帮助了 20 多位老人,包括参加过抗美援朝的老兵袁安祥。

据袁安祥的家属介绍,脑梗后遗症让老人下肢瘫痪,不能下床走动,家庭护理条件有限,高昂的养老院护理费用也不是一个普通家庭能够承担的。在此困境下,"微尘·新泰康孝行天下养老救助基金"联合青岛市医养结合的五星级养老院新泰康养老院,为老人提供救助。除为老人免费提供食宿及 24 小时专业护理外,还帮助老人免费做康复训练。经过细致的护理照料,老人状态恢复良好,微尘基金扶老助老成果显著。

除了为失能老人提供救助以外,微尘基金还关注老年人日常需求,发挥平台效应,组建志愿者服务队为老人服务。2022 年 7 月 4 日,在微尘基金支持下正式成立"微尘·唯美良子助老志愿服务队",该服务队成为青岛公益助老事业的先锋队和主力军。自组建之日起,志愿者每周一都会为敬老院、社区等地方的老人们理发。2022 年 8 月 29 日,服务队来到了青岛圣德嘉朗颐养中心养老护理院。这里住的大都是 90 岁左右高龄的老人,他们大多数行动不便,也没有精力跑到外面理发,很多老人有 3 个月到半年没有理过头发了。服务队成立至今,已经连续 8 年每周到青岛 20 多个养老院和 5 个社区为老人们义务理发,开展了 364 期义务活动。

(三)精准扶贫济困,巩固脱贫成果

微尘基金紧紧围绕实现巩固拓展脱贫攻坚成果同乡村振兴有效衔接、促进共同富裕的部署要求,与社会各界加强合作互动,进一步扩大助困项目的受益覆盖率和社会参与度,充分发挥平台作用,合力共创新时代公益慈善事业繁荣发展的新局面。

2016 年新年伊始,青岛市红十字会启动了"博爱在岛城,温暖送万家"主题活动,全市红十字系统积极响应,上下联动,开展了形式多样的送温暖活动,真正把来自红十字大家庭的"温暖"送到了贫困家庭。其中微尘基金积极响应,向云南巍山运送衣物 53 箱、电脑 18 台,总价值 20 余万元,为西南贫困地区送去温暖。

近年来,微尘基金紧密围绕青岛市东西部对口协作帮扶工作需要,通过项目资助、赋能、链接与整合社会资源,将助学扶贫项目更多、更好地落地贫困县,推动社会组织深耕扶贫"最后一公里",引导爱心资源向甘肃陇南、贵州安顺、四川甘孜、西藏日喀则等地区倾斜,汇聚细微善举点亮贫困山区孩子的未来之路(图2-4)。截至2021年7月,微尘基金在甘肃陇南已拨付资助金151万元,开展微尘阳光少年、博爱小学、微心愿等10余个项目;在四川甘孜支出930余万元定向资助上罗学校,为来自全国的志愿者老师提供生活补助以及改善学校教学、医疗条件;在贵州安顺资助阳光少年3995人次,发放助学款227.05万元,资助博爱小学3所,加上其他定向资助项目,共拨付爱心资金393万元。

图2-4 2014年4月23日,微尘基金在四川甘孜举行阳光少年助学金发放仪式

(四)开展应急救援,凝聚人道力量

微尘基金在实践中不断积累救援经验,通过创新和强化救援机制,在项目备灾、资源备灾方面提升团队合作能力和资源整合能力。在重大突发事件发生后,微尘基金根据当地发布的需求清单募集善款善物,并根据受灾群众的具体需求进行分配,在多次应急救援中体现了专业性和人道温暖。

2020 年初,面对突如其来的新冠肺炎疫情,微尘基金迅速响应,发挥民间公益组织能动性,汇集老百姓的每一份爱心,为国家分忧,发起"全民战疫,微尘有爱"活动,为青岛市防疫工作的开展提供强有力的保障,展现了慈善组织的担当作为。从正月初二起,微尘基金理事筹集到一批物资就马上送往防控一线。采购、物流、需求调研、分配方案制定、物资发放、成效追踪,看似简单的物资捐赠行动的背后,是成百上千封邮件、暴增的电话账单、每晚持续 2~3 小时的会议,是所有"微尘"人一次次情绪的大起大落与一个个辗转反侧、殚精竭虑的夜晚。

与此同时,微尘基金还联合青岛红十字蓝天救援队,在第一时间出动志愿者 2709 人次,对 300 个社区及企事业单位、学校等地进行预防性消毒等。微尘基金为抗击新冠肺炎疫情拨付款项、物资 295.98 万元。

微尘基金善待、善用每一笔捐赠财物,让每一笔都花在刀刃上;同时竭尽全力确认每一笔钱款、物资的去向,确保服务疫情防控和凝聚社会资源,巩固脱贫攻坚成果。

二、微尘引领公益慈善,提升城市爱的温度

微尘基金依托开展各项志愿服务项目,帮助社会弱势群体,具有广泛的公共性、群众性和影响力,对社会良好风气的形成发挥了带头促进作用。在微尘基金的引领下,社会公众积极参与,

服务模式不断创新,不断提升青岛的城市温度。

(一)促进公众参与,提升慈善活力

微尘基金对公民参与公共服务具有引导和促进功能。"引导诸如文化基金会、行业组织等社会组织参与文化管理,引导企业、非营利机构、公民参与文化服务,则能有效突破条块分割、部门管理等传统文化体制的弊端,促进社会文化资源的流动、竞争和整合,激发整个社会的文化活力。"[1]为扩大微尘影响力,青岛市红十字会开展了"微尘见真情,博爱遍岛城""微尘你我他,爱心大行动"等主题系列活动,引导广大市民参与红十字会公益活动,奉献爱心,在广大市民与红十字会的真情互动下,学做"微尘"逐步成为市民主动参与公益的自觉行动和价值追求。

在微尘精神的感染下,青岛各界积极响应,为公益事业建设添砖加瓦。曾获评"微尘公益之星"的青岛银行,坚守"品牌向善"的力量传递,携手青岛市红十字会、青岛银联推出具有公益性质的爱心"微尘卡",开发预设金额捐款服务功能,且旗下所有借记卡都能实现爱心公益捐赠服务功能,进一步提升了青岛市民参与公益的便利性。青岛崂山矿泉水有限公司作为青岛市代表企业,积极承担社会责任,成为青岛市红十字微尘基金理事单位。在日喀则地震等重大突发事件发生时,企业运抵大批崂山矿泉水参与救援活动,捐赠 30 万元善款及物资。在"冬季送温暖"活动中,企业通过青岛市红十字微尘基金民生银行分基金,向西海岸新区特殊教育中心学生捐赠 71 件总价值 2 万余元的羽绒服。

体育赛事也是公益事业的爱心传递。"海尔·青岛马拉松"既是一场集结了体育竞技与公益精神的盛事,更成为一次传递

---

[1] 荆晓燕、赵立波《社会力量参与公共文化服务体系建设研究》,《中共福建省委党校学报》2015 年第 5 期,第 71 页。

爱心、汇聚力量的公益之旅。为传递公益正能量,青岛马拉松组委会将全部公益跑报名费捐赠给青岛市红十字微尘基金,用于微尘阳光少年项目,定向捐给家庭困难的孩子,助力他们求学之路。正是青岛市社会各界对于慈善公益事业的广泛参与和支持,才铸就了"微尘"今天的发展。

(二)创新志愿模式,共建良善社会

微尘基金在公益活动中不断创新公益模式,引领社会风尚。它利用互联网等新媒体平台,开展线上公益活动,让更多的人参与公益事业。同时,他们还积极探索公益与商业相结合的模式,让公益事业更具可持续性和发展性。这种创新的精神不仅让微尘基金在公益事业中取得了显著的成绩,也为青岛城市精神的培养注入了新的活力。

近几年,在微尘精神的启迪下,青岛市开始着力推进志愿服务的制度化、专业化、社会化、信息化,志愿服务逐步成为青岛市践行社会主义核心价值观的主力军。目前,全市共有注册志愿者71万人,各类志愿服务组织4273支,经常性志愿服务项目1690个,涌现出一批优秀志愿服务组织和项目,带动了全市热心公益、奉献社会良好风气的形成(图2-5)。微尘,已成为青岛的一张名片;微尘精神,已经成为青岛市民的一种道德追求。

一笔笔善款诉说微尘大爱,一次次帮扶体现实干担当。经过多年积累和沉淀,围绕受助对象,微尘基金工作形成了政府、公益组织、社会服务机构以及志愿者队伍互融互通的"铁三角"组合,有效实现慈善网络全覆盖。微尘基金的薪火相传,也彰显了青岛公益慈善事业的欣欣向荣。微尘基金理事长于海波表示,2024年,微尘基金进一步打通线上筹款渠道,积极推进月捐

图25　2010年,微尘基金志愿者与媒体记者同赴贵州和云南,为西南干旱地区的孩子们送去水和打水、饮水设备

倡导,推进公益项目的推广、执行和回访,激活志愿者服务力量,实现公益活动的长期良性发展,不断扩大微尘的影响力。

(三)培育城市精神,引领社会风尚

微尘基金在公益活动中,积极倡导公民意识和社会责任感。这种公民意识的培养,不仅有利于个人的成长与发展,也有利于整个社会的进步与发展。越来越多的青岛市民开始关注社会问题,积极参与公益事业,共同为城市的繁荣与发展贡献力量。这种社会和谐与凝聚力的提升,正是青岛城市精神的重要体现。在微尘基金的引领下,当微尘从一个爱心品牌成为青岛这座城市的良心时,它的力量便强大起来。无论是在城市精神文明建设方面,还是在善行义举的广泛传播方面,微尘精神都显示出强大的推动力量。继"微尘"之后,青岛又涌现出"慈善人家""红飘带""文明伞""笑姐"团队等一大批扶危济困、乐善好施的集体和

个人。

微尘是青岛公益慈善的一面旗帜。20年来,微尘散发的微光并未因时光流逝而衰微,反而发扬光大,熠熠生辉,成为城市重要的软实力。青岛市红十字会充分联合社会爱心力量,已先后设立了红十字微尘基金、小草基金、玫瑰基金等25支专项基金。这些专项基金积极开展贴近民生、政府支持的救助项目,向身陷困境中的群体施以援手,在关键时刻拉一把、送一程,成为解决群众"急难愁盼"的社会力量。

党的二十大报告明确提出,要"坚持按劳分配为主体、多种分配方式并存,构建初次分配、再分配、第三次分配协调配套的制度体系","引导、支持有意愿有能力的企业、社会组织和个人积极参与公益慈善事业"。青岛作为极具爱心的城市,公益工作覆盖面与社会影响力不断扩大,民众满意度持续攀升,公益慈善整体水平走在全国前列。随着慈善事业在第三次分配中的地位越发重要,青岛公益慈善事业发展将迎来新的契机。青岛努力打造"大爱青岛"品牌,塑造"向上向善"慈善城市形象,形成便捷高效、治理规范、共建共享的慈善生态,创建慈善事业制度体系更趋成熟完善、第三次分配作用更加明显的慈善事业发展新格局。今后,在社会教育、医疗卫生、法律服务、社区服务的奋进征途中,将有越来越多的青岛人用实际行动书写新时代微尘故事,让文明之城更加精彩。

正如微尘基金理事长于海波所说:"微尘是你,是我,TA代表的是青岛这座大爱之城中的每一个人。希望以我们持续不断、身体力行的公益行动,让人们内心深处那一份原本的善良迸发出来,让微尘精神保持持久旺盛的生命力,内化成市民的日常习惯和生活方式。"助人为乐逐渐成为市民的自觉行为,已经融入了市民的内心,成为不可或缺的道德力量。每月化名微尘的爱心市民一如既往地奉献着爱心,活跃在岛城的大街小巷,让微尘精神处处闪光,用善举提升青岛城市温度。正如微尘获评"感动中国"2006 年度人物时推选委员会的感动印象所说:"他来自人群,像一粒尘土,微薄、微细、微乎其微,寻找不到,又随处可见。他自认渺小,却塑造了伟大,这不是一个人的名字,这是一座城市的良心。"

(周睿思)

微尘精神引领青岛城市文明

一粒"微尘"闪烁莹莹微光,点点"微尘"聚拢成就微尘力量。一次次微尘行动的背后,涵养着具有博爱品格的微尘文化,让微尘不仅成为触动青岛市民爱心的公益符号,更是影响了青岛的城市精神风貌。微尘诞生于青岛的公益土壤之上,又在发展的过程中与青岛城市文化交融互通,是青岛城市精神的标志性元素。微尘精神成为青岛夯实城市文化软实力的一部分,为塑造具有城市凝聚力的青岛精神文明作出了重要贡献。

一、传递微尘精神,焕发价值指引力

现代人在追求物质财富的过程中,深深陷入消费主义的陷阱,在追求自由、享受自由的同时,又丧失了生存的根基与本真的自我,许多人也因此陷入心灵孤寂、情感焦虑、价值危机和意义性丧失等心理冲突之中而难以自拔。微尘精神为人们带来的正是这样一种满怀博爱之情、在慈善公益中探索人生方向的正确指引。学者研究表明,人们参与慈善捐赠等公益活动时符合刺激→情感→动机→意向这一动态心理机制。[①] 当情感和意愿积攒到一定程度,在便捷化的通畅捐赠渠道的帮助下,人们更有可能开启自己的慈善行为,一粒粒"微尘"也就这样凝聚起来。微尘精神给青岛市民带来的不仅是日渐增多的公益行为,更是一缕唤醒心底互帮互助的种子的温暖春风。"微尘"的种子生根发芽、茁壮成长,让普通人在日常生活中也通过小小的举动传递

---

① 蒋晶《影响我国个人捐赠者捐赠决策过程的心理机制——基于情感适应理论的实证研究》,《中国软科学》2014 年第 6 期,第 45 页。

正能量,让绵薄力量汇涌成河流,滋润每一颗干涸的心灵。

在微尘精神的影响下,通过不同途径帮助他人的"微尘"们,以及以"微尘"之名向基金会等进行捐助的人们,凡人善举,动人心弦。青岛每年有成千上万的"微尘"涌现,活跃在城市的每一个角落,他们用日常点滴的奉献与帮助让这个城市更加美好。当微尘精神点亮青岛市民乐于公益和志愿服务的价值理念,它就成为人们乐观对待现实和未来发展图景的信念,有力诠释出青岛精神文明的价值。

二、扎根青岛,提升城市凝聚力

"文化的力量熔铸在城市的发展进程中,集中表现为城市的价值观念、心理趋向,即体现在城市精神之中。"①积极的城市精神在城市文化中居于核心地位,具有感召力、凝聚力和示范力,促使市民保持昂扬的朝气和积极向上的心态。与此同时,在城市化进程中,作为城市精神文明载体的城市功能、外形塑造、宣传手段、发展模式等,反而愈发趋向雷同。城市精神的个性被同质化的现代模式消解,城市精神的凝聚作用也在这个过程中被弱化。突破雷同的城市现代化模式需要挖掘城市内在的文化生机,推动城市特色文化的创造性转化和创新性发展。微尘文化正是扎根于青岛的特色文化,是极具生机活力和发展潜力的公益品牌文化。微尘基金会关注和解决城市现代化进程中的实际问题,以具有针对性的公益项目汇聚众多"微尘"的力量,直接改善受助人群的生活质量。这种实质性的帮助能够增强受助者和捐赠人对城市的归属感和满意度,从而涵养青岛城市精神,提升城市凝聚力。

---

① 马庚存《民俗文化传承与城市精神培育》,《南京社会科学》2004 年第 7 期,第 75 页。

　　新冠肺炎疫情期间,慈善公益和志愿服务的爱心传导机制不断拓展参与主体的行动边界,优化社会资源的整合流动,搭建起民生保障爱心网。青岛新冠肺炎疫情发生之后,社会各界给疫情防控的爱心款物源源不断汇聚到微尘基金会,基金会也第一时间启动款物接收的应急预案,发挥综合协调能力。从接到捐赠意愿,到迅速反应、协调采购、运输派送,微尘基金会严格把控每一个环节,理事长于海波和秘书长丁德亮亲自带队,陆续将物资捐赠给红十字搜救队、青岛好司机、莲心公益服务中心等公益组织,以及莱西市、西海岸新区、即墨区等全市范围内各单位的防疫一线。其他爱心理事及单位也纷纷伸出援手,助力志愿者开展防疫工作,鼎力守护他们的安全。

　　微尘基金会在吸纳社会各界关注支持、扩大公益慈善活动影响力方面作出有益探索。截至 2022 年底,微尘品牌先后设立 58 个博爱项目,已资助全国 17 个省份的 2 万余名微尘阳光少年,不仅在青岛市,在全国范围内都形成了有力的号召(图 2-6)。微尘精神以微尘基金会为依托,在以儿童"生命、教育、健康"为核心的救助体系中展现博爱品格,通过切实的微尘行动吸引更多人在自主、自愿的情况下参与公益爱心活动,为充分发挥第三次分配资源重组的调节作用作出重要贡献。

　　2007 年,青岛市微尘基金会就开始支持"爱心白菜进社区"公益活动。十多年来,每到大白菜收获的季节,志愿者们都会将爱心白菜从平度的田间地头运送至市内各区的街道办事处,随后分发给困难居民家庭。2023 年底,青岛市微尘基金会还与青岛早报、青岛市退役军人事务局等单位,通过全媒体平台搭建起"爱心助农平台",为爱心人士、对蔬菜有需求的单位、遇到销售难题的菜农等牵线,发挥爱心桥梁的作用。

图 2-6　2012 年 5 月,微尘基金会博爱新村项目启动

在应对重大公共卫生安全事件、促进第三次分配等方面,微尘文化带来的爱心传递体现了城市的"温度"和人性光辉中的"善"。"微尘"通过多年的发展与积淀,已经成为提升青岛城市凝聚力的重要力量,微尘精神通过共同的公益文化价值观,让"微尘"成为市民的榜样,成为青岛精神风貌的标志,将市民紧密团结在一起,形成强大的社会凝聚力。这种凝聚力有利于社会的和谐稳定,为青岛营造了一个温馨、友善的社会环境,这种环境又反过来增强了市民对城市的归属感和凝聚力,为城市的持续发展提供了稳定的社会环境。

三、融汇公益力量,提升城市软实力

"城市文化软实力是由文化事业所建构的价值体系和文化产业所形成的文化辐射力及影响力塑造成的,体现的是一座城市强大的精神文化凝聚力、文化创新力、文化辐射力、文化影响

力和文化生产力。"①这种文化软实力对城市发展起着积极的促进作用,具体体现在能为城市的持续发展提供精神动力、文化氛围和智力支撑,对外能够塑造城市的形象,增强城市的吸引力。"微尘"不仅通过公益活动传播友爱互助的价值理念,增强了青岛城市精神文明的凝聚力,还以其独特的公益地位为青岛带来了更为强劲的文化创新力、文化影响力和文化辐射力。

微尘文化以人民群众的公益实践为源头活水,以影视作品、文学作品和艺术展示作品等多种形式,为文艺的发展提供原创内容,展现青岛文化创新力量。关于"微尘"起源的故事,转化为电影《寻找微尘》,为青岛文化产品的生产拓宽了新维度,让全国观众认识了青岛这座充满大爱的城市,感人至深的剧情,也让青岛电影力量绽放光彩②;电视剧《微尘在哪里》,凭借"微尘"这一特殊群体和感人至深的故事,展现了微尘文化的感染力与青岛城市的爱心与良心;青岛创设红十字文化研究会,以多元化视角探讨微尘精神,出版专著《寻找微尘——一座城市的良心》,为文艺作品提供新内容;2023 年《微尘》大型公益无人机秀在青岛奥帆中心上空上演,500 架无人机以天为幕,讲述一个个感人至深的"微尘"故事,致敬"微尘",让更多人在被"微尘"感动的同时,成为"微尘"群体中的一员,让"大爱青岛"这张城市名片更加熠熠生辉。微尘文化所蕴含的爱心、责任、奉献等价值观念是青岛城市精神的重要组成部分,为青岛的文化软实力增添了独特的魅力。

"微尘"意味着责任和担当,在这种情感的传递之下,微尘文化的影响逐渐远播。越来越多的青岛市民开始接触公益,越来

---

① 余晓曼《城市文化软实力的内涵及构成要素》,《当代传播》2011 年第 2 期,第 83 页。

② 杨琪琪《本土影视讲述"青岛故事"》,《青岛日报》2019 年 3 月 25 日,第 9 版。

越多的企业加入公益慈善的行列中,"微尘"凝聚成为不可小觑的力量。微尘行动带来的微尘影响力是自下而上的,青岛市也通过评选"微尘公益之星",自上而下地扩展"微尘"带来的文化影响。中共青岛市委宣传部、青岛市文明办、青岛市红十字会、青岛日报报业集团等青岛多个部门已联合举办了八届"微尘公益之星"先进典型宣传推选活动①,以宣传长期从事和参与社会公益活动的杰出人士、爱心企业、爱心团体的形式,弘扬公益精神,树立公益楷模。数百个"微尘公益之星"的公益事迹,千万个"微尘"潮涌而出,引领社会新风尚。这些榜样又进一步影响和带动了更多人参与公益活动,形成了一个良性循环。通过媒体对"微尘"事迹的广泛报道以及社交媒体的传播,作为青岛精神文明标志性元素的微尘文化得以迅速扩散,为青岛文化打出新品牌。

微尘品牌激发市民的公益热情,强化城市居民的文化认同感。通过参与微尘活动,市民们不仅为需要帮助的人提供了物质和精神上的支持,也在这个过程中深化了对青岛文化的理解和认同。这种共同的价值观和使命感增强了市民之间的凝聚力与向心力,为青岛文化软实力注入了强大的精神动力。

微尘公益活动在推动青岛文化软实力提升的过程中,也促进了文化包容性的发展。在微尘精神的感染下,青岛市民更加关注弱势群体的需求和利益,尊重不同的文化背景和价值观,这种包容性的文化氛围使得青岛成为一个充满活力和创造力的城市,这也为青岛文化软实力的建设提供了更多的元素和支撑。"微尘"为青岛塑造了友爱、向善的城市形象,让博爱品格成为城市的名片,成为青岛市民的责任感和奉献精神的象征,融汇起青

---

① 郭菁荔《微尘:"大爱青岛"最温暖的名字》,《青岛日报》2023 年 5 月 9 日,第 3 版。

岛的凝聚力和向心力。通过"微尘"的公益活动,青岛向外展示了其独特的城市文化和人文精神,提升了青岛作为中国特色社会主义现代化城市的知名度。

文明是一座城市的内在气质,赋予城市发展生生不息的力量。城市之美,美在人;人之美,美在心。大爱光芒,让青岛拥有倾城之貌。这是城市的吸引力,更是城市的软实力。青岛有"微尘",微尘精神带来的是触手可及的青岛城市温度,展现的是这个城市的良善。

（陈君玺）

微尘救助与社会经济共生

微尘基金会作为有影响力的公益组织,累计筹集款物超过1亿元,直接受益人群达到 10 万人。微尘救助与社会经济之间存在着相互依存、相互促进的关系。通过加强微尘救助活动,可以为需要帮助的人们提供更多的支持和帮助,同时也有助于促进社会经济的稳定和发展。

一、微尘救助促进社会和谐稳定

微尘基金会的主要目标是帮助那些在社会经济状况中处于弱势地位的群体。救助的规模和频率直接反映了这些群体的数量和他们的需求强度,从而揭示了社会经济发展和人们经济收入的不均衡。同时,微尘救助的规模和实施情况还可以作为预测社会经济趋势的重要参考。例如,当救助需求持续增加时,可能预示着社会经济状况的不稳定或贫困问题的加剧;而当救助资源得到有效利用和分配时,则可能表明社会经济状况的改善和进步。

随着大量非营利组织的发展和制度健全,非营利组织成为吸引就业的一个途径。这是因为,实施救助需要工作人员和志愿者,相关的救助项目开展,需要人力去执行和管理。这包括项目的策划、资金的筹集、救助的实施以及后续的跟进等,每一个环节都需要专业的人员去操作,从而创造了就业机会。尤其是对于社会工作、公益慈善专业的人才来说,参与救助及相关项目不仅可以发挥其专业优势,也可以促进公益慈善组织的发展。同时,救助活动进行的公益宣传、募捐活动策划、志愿者培训等,都需要专业的人员去操作，从而也带动了就业机会的增加。微尘基金会作为一个规模比较小的基金会，目前专职人员较少，更多的人出于志愿服务目的无偿参加公益活动。但是随着发展规模扩大，需要更多的专业人才加入，来提升基金会的水平和影响力。

公益团体的救助是精准地利用社会资源、调配社会资源的有效方式。作为第三部门，公益团体通过公众无偿捐赠来提高社会资源的利用效率。比如，在救助过程中，公益慈善团体会对受助对象进行深入的调查和了解，以确保救助资源能够精准地流向最需要帮助的人群。这种精准定位不仅提高了救助效率，也避免了资源的浪费，从而提高了社会资源的整体利用率，合理配置资金和物资等资源。这种优化配置可以确保救助活动的高效运行，并最大化地发挥各种资源的作用，进而提高社会资源的利用率。比如，微尘基金会将来自热心企业家和热心人士的捐赠，送到最需要帮助的人手里，解决受助者的燃眉之急，起到了雪中送炭的作用，从而提高了社会资源的利用精准性，发挥了对政府救助的补充作用，提高了有限社会资源的利用效率。

"微尘"作为一个知名的公益品牌，吸引众多企业、组织和个人参与公益活动，他们与微尘基金会的合作不仅可以实现资源共享和互补、创新救助模式、增强社会凝聚力、促进经济发展和提升救助效果等多方面的效益，还能推动社会的和谐稳定和发展进步。

首先，不同领域、不同行业的资源进行有效整合，实现资源共享和互补。例如，企业可以与公益组织合作，提供资金、物资或技术支持，而公益组织则可以利用其专业知识和网络资源，共同推进微尘救助项目的实施。这种合作模式不仅可以降低救助成本，提高救助效率，还能增强救助项目的社会影响力。比如，微尘救助的活动涉及多个领域,如医疗救助、教育援助、扶贫济困。这些活动往往需要与其他产业进行合作,如医疗设备制造、教育培训、农产品加工。通过整合这些资源,微尘救助为相关产业提供了更多的发展机遇。"微尘"作为一个具有广泛影响力的公益品牌,其品牌效应也为相关产业带来了积极影响。通过与"微尘"合作,企业可以提升自身品牌形象和知名度,进而拓展市场份额。同时,"微尘"的品牌效应也增强了公众对相关产业的信任度和支持度。

其次,微尘公益活动成功地塑造了青岛积极、正面的城市形象。这种形象的提升,在很大程度上加强了外部投资者对青岛的信任感与美誉度。在投资者评估投资潜力时,城市的综合形象及其所展现的社会责任感往往成为关键的考量要素。正因如此,微尘品牌在提升青岛城市形象方面的努力,间接地引导了外部资金的流入,从而为青岛的经济发展注入了新的活力。随着微尘品牌的影响力日益扩大,与之相关的公益活动、项目实施以及宣传推广等工作也随之增多(图 2-7)。这一变化不仅为公益事业从业者提供了更多的工作机会,也拉动了与之相关的产业链的发展,例如活动策划、广告设计以及媒体传播。这些行业的兴盛,进一步推动了青岛经济的多元化发展。

青岛作为一个著名的旅游城市,其城市形象与文化蕴涵对吸引游客具有举足轻重的作用。"微尘"作为青岛的公益形象标志,不仅传递了积极向上的能量,更展示了青岛市民深厚的公益情怀,这无疑增加了游客对青岛的好感与兴趣。此种文化吸引力的强化,对于提升青岛的旅游市场竞争力具有积极意义,进而推动了旅游业的蓬勃发展,为地方经济带来了显著的收益。

图 2-7　青岛市红十字会发行"微尘"邮票

可见，微尘基金会在提升城市形象、促进旅游业、创造就业机会以及优化营商环境等多个方面，均对青岛产生了积极影响。

二、社会经济为微尘救助提供动力

微尘救助也与社会经济紧密相连，相互影响，形成了一种共生关系。在探讨微尘救助与社会经济的共生路径时，政府和社会也对微尘基金会的成长发展起着支持作用，不仅能够为微尘提供关键的资源保障，还能推动其与社会经济的深度融合，形成良性的共生关系。

社会经济的发展为微尘基金会提供了经济资源。社会经济的发展水平直接影响企业和个人可投入微尘基金会的资源量。社会经济繁荣和发展也带来了企业和个人财富的增加，在良好的政策条件下，企业和个人愿意将一部分利润或收入用于支持社会公益事业。正如第一个化名"微尘"的捐赠人说的那样："改革开放后，国家的政策宽松了，允许走正道的经营者把大缸小盆都挣得满满当当的。既然依靠国家的好政策致了富，那么，从自己的盆里舀出一瓢两瓢的有什么可心疼的？要是看着别人需要帮助而自己没有伸把手,我就会寝食不安。"可见,社会经济发展为微尘提供了必要的经济资源支持。

　　社会经济的发展为微尘提供了有利的环境。在政策环境的优化上,随着社会经济的发展,政府对社会保障和民生工程的认识和重视程度也在提高。2013年11月,党的十八届三中全会通过《中共中央关于全面深化改革若干重大问题的决定》,明确要求"完善慈善捐助减免税制度,支持慈善事业发挥扶贫济困积极作用"[1]。慈善事业在完成脱贫攻坚战、全面建成小康社会、实现共同富裕的社会主义现代化强国建设中,承担了更大的历史责任。国务院于2014年12月印发《关于促进慈善事业健康发展的指导意见》(以下简称《意见》),这是新中国成立以来第一次以中央政府名义专门出台促进慈善事业发展的文件。《意见》指出优先发展具有扶贫济困功能的慈善组织,探索培育网络慈善,通过公益创投、政府购买服务等方式对慈善组织提供支持。同时,国家在政策环境方面为公益慈善事业发展松绑,改变了实行几十年的"双重管理"制度,可"直接向民政部门依法申请登记,不再需要业务主管单位审查同意"[2]。

　　上述制度落实在具体政策上,首先,政策支持可以提供激励机制,鼓励企业和社会组织积极参与"微尘"救助项目。例如,政府可以给予税收优惠、财政补贴或其他激励政策,以鼓励企业和社会组织参与微尘基金会,从而推动其与社会经济的融合。其次,政策支持可以规范和引导救助的发展方向,推动其与社会经济的深度融合。通过政策引导,可以规范救助项目的运作模式,

---

　　① 《中共中央关于全面深化改革若干重大问题的决定》,《学理论》2014年第1期,第8页。

　　② 《第二十届全国人民代表大会第一次会议关于国务院机构改革和职能转变方案的决定》,《中华人民共和国全国人民代表大会常务委员会公报》2013年第2期,第341页。

保障其合法、有序地运行,从而促进其与社会经济的良性互动。最后,政策支持可以促进不同政策领域的协调和衔接,为救助项目的发展提供更多的政策支持。政府可以通过政策协调,将救助项目纳入多个领域政策的考量范围,形成政策合力,推动其与社会经济深度融合。这为慈善事业发展提供了宽松的制度环境。

社会经济的发展为微尘公益事业提供了创新的救助模式。随着社会经济的发展,科技不断进步,信息化水平日益提高,这为微尘救助提供了更多创新的可能性。首先,科技助力资源整合。通过科技创新,如互联网技术、大数据和云计算,可以更高效地整合社会各界的救助资源,包括资金、物资和人力等,实现资源的优化配置和快速响应。利用科技手段,如人工智能和数据分析,可以更加精准地识别需要救助的群体,确保救助资源能够真正到达需要的人手中。这不仅可以提高救助效率,还能减少资源的浪费。其次,科技的发展有助于微尘救助实现可持续发展。例如,通过科技手段可以更好地监测和评估救助项目的长期效果,从而调整策略,确保救助活动的持续性和有效性,促进经济社会和谐、健康地发展。创新科技通过提高救助效率与效果、促进社会经济发展以及增强社会责任感等方面,促进了微尘公益与社会经济的共生。这不仅有助于改善社会弱势群体的生活条件,还能推动社会的和谐稳定和经济的持续发展。

总之,国家层面对公益慈善事业提供了政策支持,对公益慈善事业在建设社会主义现代化强国、实现共同富裕中的作用给予了充分肯定;从社会层面看,社会经济发展环境较好,人们参与公益慈善的素质提高,为微尘基金会的持续稳步发展提供了动力。

　　微尘基金会作为社会力量参与社会救助，是对政府救助体系的有效补充。它通过汇聚社会爱心和资源，为政策难以覆盖或资源有限的领域提供了必要的支持和帮助，这种救助不仅提高了救助的效率和效果，也促进了社会资源的优化配置。

（杨影）

微尘有情，大爱募捐

"微尘"第一人说："当初选择微尘这个名字的时候，我并没有考虑太多。只是觉得微尘虽然很小，甚至可以忽略不计，但是它又无处不在。真没想到这个名字得到了这么多人的认可，这是我当时的的确确没有想到的。""无论生活在什么时代，人都不应该丧失本性。人的本性可能会表现在很多方面，但首先应该表现为善良，要有同情心，要把帮助有困难的人当作自己责无旁贷的神圣职责。"①

"微尘"第一人平凡中透出善良。微尘虽小，但一旦承载了爱，它的重量和力量就已无法测量。微尘募捐和救助过程是一个震撼心灵、激荡情感、提升良知的过程。正是这个原因，使得微尘从一个个体扩展成一个充满爱心的群体。

一、微尘募捐是爱心传递

大爱无疆，一粒微尘也能够让人类美德的光芒映照万里。微尘以其自身的爱心行动唤醒了青岛市民的集体爱心行动；微尘以其巨大的感召力量，推动了青岛市民社会公益精神的进步和升华。青岛市红十字会曾多次与微尘共铸爱心，通过网络向更多人发出倡议：请伸出援助之手，救救那些因贫困而可能失去生命或留下终身残疾的患病儿童吧！（图 2-8）网络回应的速度之快，充分体现了公众强烈的仁爱之心。

---

① 李旭《寻找微尘——一座城市的良心》，青岛出版社 2008 年版，第 120 页。

图 2-8　山海相连,童心同行

(一)救助失聪儿童,传承微尘大爱

2006 年一篇题为《救救孩子献爱心,挽留生命见真情》的帖子被层层叠叠的回帖"顶"了起来,在互联网上演了一场感人肺腑的爱心大救助。捐款那天,众多的青岛网友和数不清的市民一大早就从四面八方汇集到募捐现场,献出爱心。在众多微尘义举的引领、带动下,围观的市民也纷纷解囊相助。短短几个小时的时间内,捐款累计 20 余万元。募捐横幅上密密麻麻地写满了捐款人的真诚祝福,虽然人们的字迹各异,但有一点却惊人地相似,那就是,绝大多数捐款者的署名都是"微尘"二字。

也许,这些钱还远远不能满足挽救那些孩子生命的需要,但是受微尘感召的人们都衷心地希望,这种无私的奉献爱心、传递真情的行为能够带来奇迹,让死神因畏惧这强大的力量而退却。

有一类人群在我们身边,却生活在另一个世界,也许从外表上看不出与我们的区别,可是他们却无法像正常人一样交流沟通，这也造成了他们工作、学习、就医、娱乐等严重不便。这个群体就是失聪儿童。早在 2009 年 3 月，青岛市红十字会就启动了"天使回声"公益基金，重点关注岛城失聪儿童。"天使回声"公益基金 2009 年启动后，岛城一家医院捐出了 10 万元，为 100 多名贫困家庭的孩子免费进行了检查，部分适合手术的轻度失聪儿童获得了免费治疗或佩戴上了外接助听器。

2010 年，一名署名"微尘"的爱心人士捐出了 40 万元，定向资助 2 名贫困失聪儿童手术。这名"微尘"是一名产品服务商，当年曾经在青岛创业，后来到外地发展。他委托青岛康宝莱公司捐出善款。在捐款过程中，康宝莱公司也捐出了 50 万元善款，一起让 4 名孩子幸运地得到了治疗。其中 3 名孩子已经可以和正常孩子一样上幼儿园了。但受资助的另一名孩子佳鑫因为康复期中的一次意外，摔坏了人工耳蜗。于是在 2013 年底，这名"微尘"再次对小佳鑫进行了帮助，2014 年为其成功植入了新的耳蜗。小佳鑫经过康复训练可以清楚地喊出"爸爸、妈妈"四个字了。小佳鑫的妈妈说，第一次听到孩子开口叫"妈妈"的时候她都哭了。"再经过一年的康复训练，小佳鑫就可以恢复到正常孩子的水平，那时候他就可以彻底地告别那个寂静无声的世界了。"[1]

(二)助学川滇儿童，传递微尘温暖

教育领域是微尘公益的三大内容之一，截至 2024 年 1 月，微尘基金累计帮助了 31372 名阳光少年，捐赠 96 所博爱小学、25 所微尘班、123 个微尘图书室。对西南地区贫穷儿童的关注，是微尘着力用心的。2014 年 3 月 23 日，微尘川滇助学行集结出发。青岛市红十字会带领捐款人前往四川省甘孜藏族自治州

---

[1] 王鹏淇《爱要让你听见》，《微尘》2014 年第 9 期，第 33 页。

新龙县乐安乡小学，云南大理白族自治州巍山县大仓镇团员村梧岗山凤山小学、永建镇永乐村永乐小学、马鞍山乡三鹤小学，进行微尘阳光少年助学金的发放及回访活动，将微尘们的爱心资助款发放到每一个孩子手中（图2-9）。此行共发放资助款15万元，所有捐款人都可自愿参加，费用自理。捐款人通过参与公益活动，感受并了解了红十字会的救助程序，通过他们的口碑相传，可以更好地树立红十字会的社会公信力。

图 2-9　青岛红十字微尘基金贵州安顺助学行

微尘基金爱心的足迹走遍全国17个省份，惠及困难群体5万多人次。伴随着微尘基金助学项目的开展，4000多名阳光少年，200多名贫困大学生，228所学校，都留下了微尘爱的印迹。近700位患病儿童得到微尘基金的捐助，600多个困境中的家庭得以在绝望中重获生的勇气。先心病、白血病、恶性肿瘤、烧伤、烫伤、红斑狼疮、自闭症、脑瘫，各种各样的疾病吞噬着一个又一个孩子的生命。"或许微尘之爱,不能挽救患大病孩子们那脆弱的生命,也不能让中国的贫困家庭脱贫致富,但微尘的精神可以给予孩子们生的希望和关怀,让他们在这个世界再多留一段日子,让遭受病痛折磨的他们感受丝丝温暖,让他们觉得没有人会把他们遗忘,在他们心里播下爱的种子,而不是对社会不满地仇恨,或是让他们带着温暖离开。"①

(三)凝聚募捐力量,撑起温暖天空

在青岛,无论你走在哪里,都能感觉到"微尘"的存在,都能感觉到"微尘"时时刻刻在行动。"在这个拥有 800 多万人口的城市中,有 50 多万人登记常年参加公益活动,有近千人获得过'全国无偿献血奉献奖'和'全国无偿献血促进奖'。"②越来越多的青岛人怀着人道、博爱、奉献的红十字精神,在捐献眼角膜、捐献遗体、捐献器官、捐献遗产等协议上签下了自己的名字(图 2-10)。青岛市红十字会的"微尘救助金"、青岛市总工会的"送温暖工程"、青岛团市委的"希望工程"、青岛市妇联的"春蕾计划"、青岛市残联的"安居工程"、青岛市慈善总会的"慈善一日捐"等,都是救助弱势群体的公益项目,是对青岛市政府社会保障体系的有益补充,共同为生活在青岛的弱势群体撑起了一片湛蓝、灿烂、温暖的天空。

"微尘"正以空前的速度凝聚着更多的爱心力量。青岛市红十字会原党组书记、原常务副会长刘丽萍曾感慨道:"从抗击'非典'到援助印度洋海啸的受灾民众,从主题募捐到没有主题的日常捐助,微尘已经默默成长为一个群体性的公益品牌。随着以'微尘'命名的救助基金的建立,微尘的善行义举的范畴也在不

---

① 陈敏《青岛红十字微尘基金川滇爱心之行侧记》,《微尘》2014 年第 9 期,第 36 页。

② 李旭《寻找微尘——一座城市的良心》,青岛出版社 2008 年版,第 69 页。

图 2-10 2023 年 6 月,青岛市第 167 例造血干细胞捐献者陈峰签字后合影

断扩大,如义务献血、捐献遗体、捐献器官、爱心志愿者服务等等,已经形成了'一方有难,八方支援'的良好氛围。"①

二、微尘募捐再聚爱心

2023 年,"微尘基金理事们团结一心,携手共进,全年募集善款 800 余万元,公益支出 600 余万元,通过资助'阳光少年'和发放爱心包等方式惠及学生 800 余人"。微尘基金理事长于海波介绍,当年微尘基金共开展和参与公益活动 40 余次,服务超 5 万人次:参与服务"海尔·2023 青岛马拉松"运动员;协办青岛市第八届"微尘公益之星"颁奖盛典,传递"微尘"精神;组织"'东西一家 搭起山海之桥'青少年暑期公益夏令营"(图 2-11);参与"2023 青岛市首届城市公园节"活动,将运动与公益链接;微尘

---

① 李旭《寻找微尘——一座城市的良心》,青岛出版社 2008 年版,第 81 页。

理事们定期开展"清洁海岸线"活动,养成"随手公益"的习惯;帮助菜农解决200多吨白菜滞销的难题,抢在寒潮之前将爱心白菜免费送进社区,让"滞销菜"变成"暖心菜"。

图2-11 2023年组织的"东西一家 搭起山海之桥"青少年暑期公益夏令营

"为河北洪灾群众提供及时的援助,为西藏地区的孩子们送去知识之光,为社区的老年人提供关怀和照顾。这些看似微小的行动,却给无数人带来了希望和改变。"于海波说,这一年,微尘基金也在发展壮大:成立了"微尘·乐享爱心企业"公益基金,实现了无压力做慈善的初衷愿望;建立了微尘公益伙伴,打通了灵活做公益发展方向;"微尘公益·孔子学堂"将传统文化与公益文化相结合的新发展模式,携手爱心单位和个人获得山东省红十字会的表彰。2024年,微尘基金进一步打通线上筹款渠道,积极推进"月捐倡导",推进公益项目的推广、执行和回访,激活志愿者服务力量,实现公益活动的长期良性发展,不断扩大微尘的影响力。

2024年1月5日晚,"十五年华 向阳而行"微尘基金十五周年公益盛典在青岛举办(图 2-12)。微尘基金常务理事、理事等在内的 600 余名社会各界爱心人士以及部分爱心企业代表会聚现场,通过现场捐款、认捐"阳光少年"、竞拍爱心拍品、义卖等方式,共筹集善款 962.79 万元。这些善款将全部注入微尘基金,用于基金会的儿童"生命、健康、教育"等项目。微尘基金成立 15 年以来,始终关注儿童生命、教育和健康等方面,开展了 30 余个公益项目,累计筹集款物 1 亿余元,直接受益人群达 10 万人次,爱心足迹遍布全国 17 个省份 20 个地区。在过去的 15 年里,微尘基金成功举办众多公益活动,如爱心捐赠、慈善义卖、志愿者服务,为困境中的孩子送去温暖和关爱。①

图 2-12 微尘公益基金会会员在十五周年庆典上合影

微尘基金成立以来,不同年龄、不同职业、不同身份的捐赠人、志愿者聚集在微尘基金这个平台,持之以恒,点燃爱心,让这

---

① 黄飞《开展 30 余个公益项目 10 万人次直接受益》,《青岛日报》2024 年 1 月 6 日,第 2 版。

座城市不断地演绎着爱与关怀的动人故事。"大事面前闻令而动,关键时刻挺身而出。从邻里互帮、守望相助的身边善行,到跨越山海、心手相牵的网络义举,从'微尘有情,博爱无疆'的公益理念,到携手前行、行稳致远的价值共识,微尘精神引领着一次次公益行动,微尘基金的救助项目也在中国各地开花结果。"青岛市红十字会党组书记、常务副会长高嵘介绍,微尘基金的各位爱心理事伴着梦想,善行天下,15 年耕耘,硕果累累,收获颇丰,微尘基金围绕儿童"生命、健康、教育"三大主题领域开展了诸多项目,其中很多项目已经持续执行超过 10 年。

可以说,微尘基金的成长史记录了成百上千个微小又宏大的故事,也见证了中国公益的演进。"走过这 15 年,我欣喜地看到我们的社会已迸发出源源不断的公益新生力量,微尘基金也成为最有力的'中间人',用爱和专业串联起善意与需要。"于海波说。如今,筹款额早已不是衡量成功与否的标准,在公益行动中所传达的社会正能量,能带动更多人的慈善认同,以及在更长一段时间对社会良善的推动力,这才是微尘基金一直不断追求和看重的目标。微尘基金还吸引了黄渤、黄晓明等众多明星成为微尘博爱大使、爱心推广使者,一起为青岛"微尘"的爱心加油助力(图 2-13)。

三、募捐数字化

数字技术的飞速发展,正深刻地改变着传统的募捐方式,使其更加便捷、高效和透明。互联网公益模式产生后,微尘基金积极运用数字技术创新募捐方式,提供线上募捐通道,提出"月捐月好""指尖公益"等理念,鼓励市民积极参与公益活动,联合爱心企业推出"微公益"捐款方式,通过指尖传递温暖的力量,市民动动手指利用微信便可捐款。

图 2-13　微尘基金博爱大使黄晓明及部分理事

2017 年以来,青岛市红十字会先后上线微尘公众平台筹资,微民爱心筹、淘宝爱心小栈等筹资方式。2022 年青岛市红十字会推出"博爱青岛"微信小程序平台,为岛城各公益组织搭建项目展示、线上筹款平台,以"指尖公益"消除距离鸿沟,充分发挥数字时代的公益力量。2023 年"微尘阳光少年"公益项目在"博爱青岛"微信小程序正式上线,市民动动手指便可以参与"微尘阳光少年"公益项目的筹款,为偏远地区的贫困儿童奉献一份爱心,每位通过小程序进行爱心捐献的捐赠人均可以获得自动生成的电子感谢状以及电子票据。

青岛市红十字会还通过建立"微尘"微信群,发展微尘基金理事 200 余人,形成一批固定捐款人队伍。未来微尘基金将进一步打通线上筹款渠道,积极推进月捐倡导,推进公益项目的推广、执行和回访,激活志愿者服务力量,实现公益活动的长期良性发展,不断扩大微尘的影响力。

（阚昊）

命运与共,大爱无疆

微尘以博爱精神为引领,汇聚大爱,跨越国界,积极参与国际救援,体现了人类命运共同体中以人为本的价值内涵、公平正义的价值取向、道德责任的价值诉求,为推动构建人类命运共同体贡献了一份力量。

一、微尘有情,展现大爱

"微尘"作为青岛市红十字会精心培育的公益品牌,已经超越了一种称谓,成为诠释爱心的精神符号。"微尘"第一次出现在人们的视野中,也是与国际救助紧密地联系在一起,典型地体现了"博爱无疆"、命运与共的大爱情怀,向受灾国家的人民献上了青岛人民的爱心。作为亲历者,时任青岛市红十字会募捐赈济处处长陈敏回忆说:"我们曾经多次追问这对夫妇的姓名,而他们却说,'人都应该有一颗同情心,自己是一个很平凡的人,做的事也很微小,就像一粒微不足道的尘埃。我们只想平静地做些该做的事'。"二十年来,"微尘"早已成为民间公益组织的模范代表,始终践行着博爱、奉献的人道主义精神。

随着时代的发展,中国的社会公益组织以独具中国特色的方式为世界发展贡献自己的力量,其中国际救援就是一项非常重要的内容。从 2004 年印度洋海啸;2005 年巴基斯坦地震救援;2011 年,日本发生大地震和海啸,青岛市红十字会通过日本驻青岛总领事馆向灾区人民表示慰问,并广泛发动募捐,支持日本抗震救灾[①];2015 年尼泊尔地震;2017 年斯里兰卡水灾;2019

---

① 蔡勤禹、王付欣、刘云飞《青岛红十字运动史》,人民出版社 2016 年版,第 243～246 页。

年莫桑比克热带风暴救援;直至 2023 年土耳其地震,由社会组织组建的民间救援队伍秉持人道主义精神,配合联合国以及相关国际组织主动开展了跨国紧急救援、转移安置、心理干预和恢复重建等工作,包含抗震救灾、医疗援助等多方面的内容。社会公益组织及民间救援队参与国际救援除了要面对已知的困难,还要面对着随时可能发生的新问题和新挑战。每次迅速的救援背后是大量人力、物力的付出,作为灾难时的"逆行者",他们全力奔赴异国他乡,救生命于危难之中。这份大爱跨越了国界,超越了意识形态、民族、历史文化差异,人性的光辉照耀世界。中国红十字基金会副会长孙硕鹏提到,红十字精神溯源之一就是"救赎"。红十字运动是从拯救伤兵生命开始的,一诞生就带有救赎的职责,同时它具有广泛性,即包括多方面的救援行动。

"微尘"作为青岛市红十字会的特色品牌,积极参与青岛市红十字会的各项公益活动,以微尘品牌、微尘精神推动青岛市红十字事业实现高质量发展。在青岛市红十字会每个捐款本中,有许多捐款人署名"微尘"。微尘与青岛市红十字会多次为国际上的重大灾难进行募捐,彰显了大爱无疆的奉献精神。

二、在土耳其灾区

2023 年,土耳其发生 7.8 级地震,此次震发约 9 个小时后又发生了第二次 7.8 级地震。两次地震使大量房屋建筑倒塌,给土耳其造成了严重的人员伤亡和财产损失。

灾难发生后,中国政府第一时间向土耳其和叙利亚提供紧急援助。这是中国救援力量参与力度最大的一次国际救援行动,大量民间力量也奔赴地震灾区,人数甚至超过了"国家队"。其中,青岛红十字搜救队率先响应,组织、派遣搜救队紧急赴灾区开展救援行动。虽然青岛红十字搜救队曾参与尼泊尔地震、厄瓜多尔地震等国际救援,但此次是青岛红十字搜救队首次独立完成国际救援任务。地震发生后,青岛红十字搜救队迅速响应,首先研判了技术、装备、能力、团队和参与渠道,继而迅速与中国驻土耳其大使馆、联合国人道主义事务协调办公室及当地华侨组织沟通对接,遴选14名队员以及团队"师承教官团"的9名教官组成23人的搜救队,携带183(件)套救援装备参与救援。这次救援,搜救队主要负责前往卡赫拉曼马拉什搜救,搜救队第一时间向接待与撤离中心报备,严格按照联合国人道主义事务协调办公室救援流程报备,通过注册申报,获得在灾区从事救灾工作所需的团队ID,按照要求奔赴实际救灾地。到达救灾现场后,搜救队队员跟时间赛跑、与死神抗争,深入废墟深处进行救援。虽然地震灾区的水电设施都已瘫痪,夜间气温基本在−10℃左右,路边还有积雪,但他们克服余震、严寒、后勤物资供应紧张等困难,仔细搜寻废墟之下微弱的生命体征。4天时间里,搜救队共找寻到了21名遇难者,完成了任务区所有工作面的搜救工作。最后,青岛红十字搜救队提报撤离计划,将救灾所用帐篷、睡袋、防潮垫、水、食物以及部分救援装备捐赠给土耳其应急管理机构。

青岛红十字搜救队队长李延照说,这次赴土耳其开展国际救援,通过地震灾区救援检验了搜救队日常训练的实用性、安全性,锤炼了搜救队战斗作风,熟悉了国际救援操作流程,为搜救队独立自主打通国际救援通道夯实了基础。同时,这次国际救援为深受灾情侵扰的土耳其人民送去来自中国的温暖,救援队队员不抛弃、不放弃,彰显了人间大爱、中国力量和青岛担当。

作为搜救队的队长,李延照经验丰富,多次参与抗震救灾,他曾获得青岛市道德模范、文明市民、中国好人、中国最美志愿者、中国五星级志愿者等荣誉称号,同时他还有另外一个"平凡"

的身份——"微尘"。与"微尘"的理念相通,李延照在青岛有一支蓝天救援队,是一支自发组成的民间救援力量,队员们在工作之余免费进行户外救援。2010 年 4 月 27 日,李延照带领的救援队被青岛市红十字会编入应急救援体系,2011 年 12 月,救援队被评选为"青岛十大微尘公益之星团队",队长李延照获得"微尘公益之星"奖章。李延照曾说,"陈光标一捐就几百万,我可能只能贡献一下自己的体力",他觉得这在道德上没有什么高低之分。每次救援结束,搜救队队员们为获救者准备了程式化的告别语:"我们不需要回报,只需要你一个承诺,当别人遇到困难时,你也能像我们这样无私地帮助他(她)。"正如"微尘"的诞生,从一个随手写下的名字到走向世界的救援足迹,从一个个渺小的个体到愈加庞大的群体,无论你是谁,无论你拥有多少,只要你有一颗愿意付出的心,你就是"微尘"的一员。

青岛市微尘基金会理事长于海波说,"微尘"应不忘初心,做一支杠杆,不断撬动、集结更多的社会资源来关注需要帮助的人,传递微尘精神,播撒爱与希望的种子。在人类社会,每个人都是一支微妙的杠杆,一端承载着个人的力量,另一端则连接着无尽的爱心与温暖。当我们轻轻撬动这根杠杆,用一颗善良的心去关怀他人,爱心的力量便会如涟漪般扩散,温暖世界。在土耳其搜救结束后,这次国际救援带来的积极影响并没有结束,青岛市红十字搜救队应急管理部部长朱光鹏赴乌鲁木齐、库尔勒、昭通、南京、上海等多个城市,与当地的救援力量交流培训,向他们传授更为先进的国际救援理念。搜救队也一直与土耳其当地救援力量保持着联系,朱光鹏说:"当地救援组织告诉我们,现在阿克苏玛市灾后重建工作正在有序进行中,人们也逐渐走出阴影积极面对新生活,这也是我们最想看到的。"青岛红十字搜救队土耳其救援队队长甄仁也回忆说:"虽然他们不知道我们是谁,但他们知道我们来自中国。"正如微尘传递的精神理念,微尘是你,是我,是每一个人。虽然它起源于一个个小小的个体,但每一个个体汇聚到一起,就能编织出一个充满爱的世界。

三、微尘有爱,命运与共

随着时代的发展,微尘基金会与青岛市红十字会不断探索国际救援的多元化模式,坚持把培育"微尘"式公益组织、公益项目作为重要载体,推动"微尘"式红十字志愿者队伍蓬勃发展。除了派遣救援队进行实地救援、组织爱心募捐,还开展国际合作以提高灾害防治与应急管理能力,推动构建国际救援的命运共同体。

如今,微尘精神正传向全世界,一些外国人也了解到了"微尘"的故事,他们开始热情地参与进来,成为一粒微尘。于海波理事长说,喜欢奉献爱心的人越来越多,国内的很多外国人,日本人、韩国人,包括一些德国人、美国人,也都积极参与微尘的志愿活动(图2-14)。2010年1月,青岛红十字中韩医疗团网站开通,参加医疗团的志愿者不分国籍、不分职业和年龄,不但有韩国、美国、加拿大、印度、新加坡等国家的外籍人士,中国志愿者的比例也越来越多。不但有青岛市立医院、山东大学齐鲁医院(青岛)等青岛医院的医疗专家和私立诊所的医护人员,还有企业家、公务员、教师、全职太太、学生等,他们都以能够参加青岛市红十字会的爱心活动为荣。因为,人人学"微尘",人人做"微尘",积极参与红十字公益事业已经成为青岛市民的一种生活习惯与精神追求。十几年的时间里,青岛红十字中韩医疗团的活动受到各方高度重视和肯定,韩国总统曾签发表彰状,表彰医疗团热心公益、无私奉献和在对外推广国家形象上所作出的努力。2011年2月和2013年10月,医疗团还分别荣获韩国杰出民间外交家奖和韩国总统表彰。2024年,青岛市红十字会再次邀请

图 2-14　2008 年 5 月 16 日，青岛市民为汶川地震灾区踊跃捐款

多国籍驻青中外医疗专家和志愿者进行国际人道主义合作，组织"爱心跨越国界"青岛都市圈红十字国际义诊，为国际红十字志愿服务精神赋予了更加丰富的内涵。

除此之外，青岛市红十字会也前往非洲地区传授经验，提供人力、物力的帮助，成为我国第一个出访非洲并建立友好关系的地级市红十字会。据统计，青岛自 1968 年起，先后派出 110 余名医疗队员分赴坦桑尼亚、塞舌尔等国家和地区开展援助，他们一袭白衣跨洲越洋，不远万里送去健康与和平。他们克服当地设备短缺、发展落后等客观条件限制，积极以自身技术经验填补当地医疗技术的空白，赢得了当地政府和人民的高度信赖和赞扬。一代又一代青岛援非医疗工作者将爱的种子撒播到非洲大地，成为中国对外援助薪火传承中的重要一棒。直到今天，青岛市红十字会仍然持续加强对非洲的援助与交流合作，不断推动应急救援工作面向世界、面向时代的深度合作与发展。

　　2014 年 8 月,中非人道合作研讨班成员在青岛市红十字会进行访问学习,研讨班成员观看了青岛市红十字蓝天救援队救援演练。来自非洲的学员们给予高度评价,并表示了由衷的赞叹,特别是得知救援队队员全部是来自不同行业的志愿者后,不少国家红十字会的会长表示,在他们国家这些救援服务都由军队提供,如果能训练普通志愿者具备这种能力将大大提高救援的效率,他们提出希望青岛市红十字会能帮助他们培训志愿者,协助组建救援队队伍。2017 年 9 月,非洲地区国家非紧急援助能力建设研修班学员到青岛市红十字会进行交流访问,他们震惊于青岛红十字会完善的救援机制和丰富的救援经验,更为人道主义、微尘、救援队成为这座美丽岛城的精神标识而感动。

　　2020 年新冠病毒肆虐全球,抗疫物资短缺的问题逐渐凸显。微尘基金会迅速发起号召,开通了全球筹集抗疫物资的微尘通道。微尘基金会理事长于海波放下个人工作,紧急发动微尘理事们寻找资源、筹集物资。世界各地的"微尘"们响应号召,发挥各自的能量,从世界各地采购物资,进行筹款宣传。截至 2020 年 2 月,仅纳入统计的就有来自"微尘"的 220 多万元款物用于疫情防控。

　　随着中国的综合国力不断提升,中国社会组织的国际救援力量不断壮大,救援方式也更加灵活多样。以微尘为代表,其以 20 年前的印度洋海啸捐款为起端,从渺小的几个人凝聚成庞大的群体,从国内救助走向国际救援。微尘在多样化的援助活动中不断磨炼,或是贡献国际救援的创新理念,架起世界人民民心相通的友谊桥梁,书写青岛大爱;或是以微尘之力汇聚力量,挺身而出,逆行而上,用行动展现中国人的奉献与担当,拓宽了国际救援的实践路径,推动应急救援工作迎来面向世界、面向时代的深度合作与发展。

四、共绘公益事业的崭新篇章

习近平总书记提出共建"丝绸之路经济带"①和21世纪"海上丝绸之路"②的重大倡议,合称"一带一路"倡议。"一带一路"建设是构建人类命运共同体的重大实践,也是新时代推动公益事业创新发展的重要平台。

2015年10月,"青岛21世纪海上丝绸之路"航行启航,至12月完成总航程约1万海里的航行。微尘基金会与青岛市红十字会参加了沿途的人道主义宣传活动,介绍青岛特色公益品牌"微尘故事""微尘文化""微尘精神"。先后造访了上海、广州、香港、新加坡、斯里兰卡美瑞莎、印度孟买、埃及亚历山大、意大利热那亚、摩纳哥,"微尘"也随着"五月的风"将大爱撒向世界各地。2018年6月,习近平总书记出席上海合作组织青岛峰会,并在讲话中指出我们要"坚持共商共建共享的全球治理观","推动构建人类命运共同体"。"共享"也是公益组织践行的关键理念。在全球慈善时代,"无国界"公益也是构建人类命运共同体的有力实践。公益品牌要"走出去",显示大国风貌,把中华民族的文化、文明带向全世界。面对人道主义危机,要弘扬"人道、博爱、奉献"的红十字精神。公益组织积极参与国际救援,赢得广泛国际赞誉,中国的国际影响力、感召力、塑造力显著提升。

公益组织积极参与国际救援,与国际人道主义交流与合作,不仅是构建人类命运共同体中的一股重要力量,而且也是国家外交、政府外交的有力助手,能够为国家的发展贡献独特价值。青岛市红十字会带领各公益组织助力建设"一带一路"倡议国际

---

① 习近平《弘扬人民友谊 共创美好未来》,《人民日报》2013年9月8日,第3版。
② 习近平《携手建设中国—东盟命运共同体》,《人民日报》2013年10月4日,第2版。

合作新平台,将公益发展与城市发展、国家建设紧密相连。青岛市红十字会积极争取并圆满承办 4 期商务部、中国红十字会主办的发展中国家紧急救援能力建设研修班,培训中外学员144 人。

2023 年 9 月,中国-上海合作组织经贸学院挂牌成立红十字国际学院"一带一路"人道合作教学研究基地,这是全国首个以国际人道合作为主题的教学研究基地(图 2-15)。研究基地的创立正当其时,顺应了当前全球日益增长和日趋复杂的人道需求。为了更好地提供人道主义援助,促进新时代人道事业持续健康发展,迫切需要培养更多的优秀人才为其注入新的动力。中国红十字会会长陈竺说,面对世界百年未有之大变局,面对复杂严峻的人道主义危机,红十字运动成员要从构建人类命运共同体的高度,彼此增强沟通交流,充分认识联合行动的必要性和急迫性,重新定义和谋划全球人道事务分工,形成人道资源多方

图 2-15　红十字国际学院"一带一路"人道合作教学研究基地揭牌仪式

供给、人道行动协同推进的多元治理格局。尤其要高度重视人道教育和人才培养，要更加注重青年骨干的培养和发挥红十字青少年的作用。因而，"一带一路"人道合作教学研究基地致力于加强与有关国际人道组织、"一带一路"沿线国家及世界各国红十字组织的合作研究、互学互鉴，建设高水平智库，培养专业化、国际化、高层次的国际人道主义研究人才。基地通过跨国合作、资源共享、人文交流等方式，发挥中国-上海合作组织经贸学院教育平台优势，为国际人道合作交流提供智力支撑，促进上海合作组织国家民心相通，拓宽新时代中国公益组织参与构建人类命运共同体的路径。

新时代，国际救援不局限于保护战争冲突中的伤者、救护灾难中的平民，还要在自然灾害、重大疫情等突发公共事件中展示出专业的救援救助能力、资源动员能力和宣传传播能力。特别是在提升公益组织治理能力的过程中，应当与时代的发展、国家政策的实施紧密结合，加强自身建设，提供更多的公益援助与志愿服务。微尘作为青岛的"城市品牌"和青岛市红十字会的重要力量，必将积极参与共建"一带一路"的火热实践，探索国际救援与国际合作的新模式，创新公益品牌发展思路，以微尘之"小我"融入国家发展、世界进步之"大我"。

在这个快速变化、多元交织的世界里，人们时常被宏大的议题和复杂的挑战所包围。然而，正是那些看似渺小的善举，如同微尘一般，汇聚成无尽的温暖与力量。它不因时空限制而减弱其关怀，不因文化差异而遮蔽其光芒，它超越了国界，将我们的心灵紧密相连，共同面对挑战，分享希望。在构建人类命运共同体的新时代，让我们携手共进，以始于微尘的爱心为起点，汇聚成温暖人间的磅礴力量，共同描绘出公益事业的崭新篇章。

（张瑞雪）

理 论 篇

微尘品牌创建策略及其经验

　　"微尘"作为家喻户晓的公益慈善品牌，20 年来始终保持着旺盛的生命力和广泛的影响力，得益于从品牌意识、品牌识别、品牌互动、品牌协同与品牌文化 5 个方面构筑的品牌建设策略体系。"微尘"缘起于青岛市红十字会敏锐的品牌意识，在持续的培育深化下孵化成立微尘基金；独特的品牌识别体系清晰传达出其区别于其他组织的差异与特色；与利益相关者加强品牌互动推动微尘品牌的合作共建；品牌协同汇聚内外合力助益品牌传播；"微尘"注重打造品牌文化，在润物无声中向公众传递微尘精神。

一、公益慈善组织品牌建设的价值呈现

　　品牌建设在公益慈善组织中具有重要的战略意义。在实践中主动建立、开发和保护品牌，有利于公益慈善组织实现自身战略目标，能够决定组织的竞争地位并带来组织未来长远的生存，从而促进自身的战略性发展，同时也有效承担起外界赋予的社会责任期望。[1]

（一）对内：促进自身的战略性发展

　　品牌导向对于公益慈善组织自身的战略性发展作用，具体可呈现为投射组织理念、形成差异化竞争优势与实现组织内部认同三个方面。

　　第一，高效地投射组织理念。一个公益慈善组织往往具有

---

[1]　张冉《品牌导向在我国非营利组织中的价值及构建》，《社会科学辑刊》2013年第 4 期，第 36～41 页。

自身的宗旨和使命,用以表达组织发展的目标和期望,品牌所具有的符号属性,能够将这种理念性的表达加以提炼"编码",实现其公益性内涵的投射与赋予,而后充当起公众沟通的媒介进而被"解码"①,由此,组织得以实现对公众组织理念的传达,公众通过品牌也快速建立起对组织的认知。如中国青少年发展基金会的宗旨是"为青少年提供新助力、播种新希望","希望工程"能够成为我国社会参与最广泛、最富影响力的公益事业之一,正是由于该品牌充分投射并高效表达自身关注青少年教育发展的理念,从而给公众留下深刻的品牌印象。

第二,形成差异化竞争优势。大卫·奥格威的品牌形象论、艾尔·里斯和杰克·特劳特的定位理论,均强调品牌是实现差异化传播的强有力工具。公益慈善组织数量的膨胀,不可避免地会造成组织间对社会慈善资源的竞争日趋激烈,此时,能够通过品牌清晰传达自身在做什么以及价值理念的组织,可使社会公众准确、便捷地了解该组织与其他组织的差异所在。此外,当一些不良同行出现负面新闻时,品牌导向能有效地帮助组织自身在社会公众心中获得一个独特身份识别,以规避"形象外溢"②给自己事业带来的负面影响。③

第三,实现组织内部认同。任何组织的发展,都离不开人才的支撑。公益慈善组织的服务性、奉献性与志愿性特征,更离不开相关从业者与志愿者的加入,且天然地需要招引优秀人力资源进行服务。公益慈善品牌作为承载组织价值理念的媒介,能

---

① 包国宪、胡佳林《品牌传播的符号学解读》,《大连理工大学学报(社会科学版)》2009 年第 2 期,第 62~65 页。

② 张冉在《品牌导向在我国非营利组织中的价值及构建》文章中指出,非营利组织经常遭受"形象外溢"。"形象外溢"是指公众对某个非营利组织感受的好坏往往由所有相似非营利组织的平均印象所决定。

③ 张冉《品牌导向在我国非营利组织中的价值及构建》,《社会科学辑刊》2013 年第 4 期,第 36~41 页。

够有效吸引认同其价值理念、想要作出社会贡献的人,从而把优秀的人力资源凝聚在一个共同的事业。[①] 并且,相比其他营利组织,公益慈善组织的员工更容易受品牌价值观驱动并因此被公益性工作的善性特质所吸引。这种对组织内部的强烈认同,将有助于激励和保留优秀人才扎根慈善事业,更好地服务于组织的战略发展。

(二)对外:有效承担社会责任期望

相比营利组织,公益慈善组织是基于扶贫济困、社会公平以及其他有益于社会发展的行为而建立起来的,这就决定了公益慈善组织的公共性与超功利性[②],因此也被人们赋予了高度的社会责任期望。慈善组织品牌主要通过与三类利益相关者进行互动——与公众(含捐助者)建立信任关系、对官方政策进行有益补充和匹配受助者需求,来承担起外界赋予的社会责任期望。

第一,与公众建立信任关系。前述指出,公益慈善品牌是组织理念的投射,浓缩着自身的宗旨使命,因此品牌本身暗含了一种对公众的承诺关系。研究表明,高品牌导向的非营利组织能够将对品牌承诺转化为管理实践,通过与社会公众包括捐赠者信任重构,更易于筹集到相关资金。[③] 同购买产品时的消费体验一样,当公众对某慈善组织品牌导向下的捐赠项目或其他公益行为有过一次满意经历后,往往会在不经意间流露出好感,从而形成对该品牌的认同感与忠诚度,基于这种信任关系,也会进

---

① Hankinson,P. "The Internal Brand in Leading UK Chari-ties," The Journal of Product and Brand Management, vol.13, no.2/3(2005), p84.

② 汪大海、孙牧《论慈善组织公共责任的内涵与特征》,《中国社会组织》2013 年第 2 期,第 39～41 页。

③ 张冉《品牌导向在我国非营利组织中的价值及构建》,《社会科学辑刊》2013 年第 4 期,第 36～41 页。

一步向他人进行该品牌的推荐和传播。①

第二,对官方政策进行有益补充。党的十九届四中全会首次明确提出,"重视发挥第三次分配作用,发展慈善等社会公益事业"。慈善事业已成为缩小贫富差距、促进共同富裕的重要力量。一方面,以品牌为导向的公益慈善组织,在面对市场失灵和政府干预低效的问题时,往往能更有针对性地进行灵活救助或服务,从而起到协调与弥补作用。② 另一方面,品牌能够使组织在潜在捐赠者和志愿者的心目中获取优先位置,从而增加组织调动富余社会资源的可能,带来更多的捐赠,帮助减少对政府资源的过度依赖。

第三,有效匹配受助者需求。尽管不需要像营利组织一样推销自家的产品,但是公益慈善组织向受助者——特别是品牌理念中重点关注的对象——提供相应服务、满足其需求之后,才算完成其组织使命。品牌导向型组织能够帮助受助者更为清晰、有效地识别自己所需的服务与其匹配程度,尽量省去社交网络、媒体等"中间环节",从而减少求助过程中所耗费的精力与成本,与公益慈善组织建立更为直接、密切的关系。

通过梳理发现,品牌建设对于公益慈善组织有着不容小觑的战略价值。相比传统公益慈善组织,重视品牌化战略的组织,能够更为有效地占领公众心智,获取人力、物力等方面的资源,从而服务于自身战略性发展,在更好实现组织使命的同时,也回应了社会与公众的期望。

二、"微尘"的品牌建设策略与经验

自 2004 年"微尘"出现以来,青岛市红十字会敏锐捕捉到

---

① 生奇志主编《品牌学》,清华大学出版社 2011 年版,第 9 页。

② 闫金山《社会组织参与第三次分配的理论逻辑、实践困境及优化建议》,《理论月刊》2023 年第 9 期,第 113~122 页。

"微尘"所蕴含的大爱无声之精神价值,对"微尘"进行了一系列品牌化运作。"微尘"通过一次次品牌行为放大爱的共振效应,收获"一座城市的良心""青岛向善而行的精神符号""我们社会的正气歌"等无数赞誉与殊荣。

(一)品牌意识:从敏锐发掘到精心培育①

在公益慈善组织的品牌化发展策略中,品牌意识是最基础的,往往有了品牌意识才能够指导品牌行为,进而开展其他一系列的品牌建设活动。"微尘"的诞生,便是基于青岛市红十字会敏锐的品牌意识。事实上,2004年为印度洋海啸捐赠并不是"微尘"个人的首次捐款。青岛市红十字会在组织寻找"微尘"时,发现"微尘"曾为"非典"疫情灾害、新疆喀什地震灾害、湖南洪涝灾害、救助白血病患儿多次进行过捐赠②,但经手的慈善组织却未感知到这一名字背后蕴藏的品牌爆发力,这与其品牌意识薄弱不无关系。

青岛是公认的"品牌之都",从20世纪80年代起青岛市便率先在全国实行名牌带动战略,培育出海尔、海信、青岛啤酒、双星等一批驰名品牌,其品牌化的创建意识逐步延伸到社会各个领域。在这样的城市文化氛围中,青岛市红十字会敏锐捕捉到"微尘"所蕴含的无私大爱及精神价值,与中共青岛市委宣传部、青岛市文明办等组织新闻媒体集中开展寻找"微尘"宣传活动,引导广大市民在寻找"微尘"的过程中,从了解"微尘",学习"微尘",到最后人人争做"微尘"。据2005年的一篇新闻报道显示,青岛市红十字会收到的434笔社会捐款中,未透露姓名的占一

---

① 本部分主要参照黄光、叶慧玲、周延风、罗文恩《我国慈善组织品牌导向的维度构建研究》(《管理学报》2016年第9期)一文中提出的"慈善组织品牌导向四维度模型"(即品牌意识、品牌识别、品牌互动、品牌协同),并结合其他学者研究,在上述基础上增加了品牌文化维度。

② 李旭《寻找微尘——一座城市的良心》,青岛出版社2008年版,第6页。

半,而以微尘、小小微尘、微粒等名义进行个人捐款的占比超过了十分之一。"微尘"这个名字,犹如爱的多米诺骨牌,在爱的撞击下将更多的爱接力传递下去。

基于品牌意识,青岛市红十字会并未止步于微尘效应的自我发酵,而是以此为契机对"微尘"进行了一系列品牌化运作,包括培育期、深化期与常态化运转三大阶段。在培育阶段,通过组织开展微尘精神大讨论、面向全国征集微尘标识、注册微尘商标、推出微尘纪念品等方式,"微尘"的内涵更加丰富,爱心公益品牌的形象更加鲜明,也为微尘品牌建立起更广泛的群众基础。随着"全国十大社会公益之星"、"感动中国"2006年度人物等全国各类奖项的获评,微尘品牌的运作也进入深化阶段,包括组建"微尘"报告团进行事迹巡回演讲,聘请青岛籍演员宋佳、国家羽毛球队总教练李永波等人担任博爱大使,以及拍摄公益电影《寻找微尘》、出版公益书籍《寻找微尘——一座城市的良心》等文艺作品,与国家大力倡导的社会主义核心价值观、弘扬中华民族传统美德、构建和谐社会等主流话语深度融合与绑定,"微尘"在全国范围内塑造出强势的品牌影响力。

自2008年青岛市红十字微尘基金宣告成立后,微尘品牌拥有了更为坚实的常态化运转载体,基金设立管理委员会、常务理事团、理事团、微尘基金办公室等运行机构,建立并完善基金管理办法、救助工作规范等管理制度,常态化开展公益筹款活动、感恩答谢活动,并且建设门户网站、微信、微博等官方宣传阵地,不断吸引更多的民众投身公益事业。经过十余年发展,2019年注册成立青岛市微尘公益基金会(以下与青岛市红十字微尘基金同简称微尘基金),以专业化的品牌运营模式继续传递微尘精神,持续汇聚社会爱心引领公益行动。可以说,正是由于拥有品牌意识和系统化的品牌建设策略,"微尘"才能不落入"东一榔头西一棒槌"式的碎片化活动窠臼,拥有其完整的品牌发展和建设历程。

(二)品牌识别:清晰传达自身差异与特色

慈善组织建立后,还需创建独特的品牌识别,选择准确的品牌定位①,让利益相关者清晰地识别并记住品牌的特征及核心价值②,使其与利益相关者的沟通更为有效。"微尘"主要从品牌标识、品牌理念与品牌关注三个方面建立起自身独特的品牌识别体系(图3-1)。

图 3-1　微尘基金的标识

在品牌识别上,不同于其他组织自建视觉标识系统,"微尘"在通过公开征集标识活动,寻求充分融合微尘精神内涵、展示创意性与设计感方案的同时,已然在广大公众范围内预埋微尘品牌标识不同于其他品牌的种子。从 2005 年 1 月起开启方案征集,到市民投票,再到标识确定,微尘标识征集全过程均面向全社会公开,市民通过短信、网络、寄信等多种形式,对来自黑龙江、上海、四川,北京等地的 50 余份设计方案进行投票,最终确定了如今"五颗手牵手的五角星"标识,该标识象征着"微尘"虽然是一个个小小的个体,但每一个个体汇聚到一起就能编织一个充满爱的世界。此后,"微尘"围绕该标识陆续推出微尘纪念品并开展爱心义卖活动。据媒体报道,在微尘徽章出炉后,千

---

① 　KELLER K L. The Brand Report Card. Harvard Business Review,2000,78(1):147-158.

② 　生奇志主编《品牌学》,清华大学出版社 2011 年版,第 59 页。

枚徽章首次义卖竟然筹款 20 万元,救助了 20 名先天性心脏病患儿。"微尘"的品牌标识,远远突破其作为识别品牌的视觉符号功能,更像是全体爱心市民的荣誉徽章,历经多年仍熠熠生辉。

在品牌理念方面,微尘基金将"微尘有情,博爱无疆"作为其公益理念,上半句蕴含着每一位"微尘"都诉说着一个动情的故事,表达了对来自人群中的各个"微尘"献出爱心的欢迎与期待;下半句体现出爱心如涓涓细流终汇成滚滚洪流泽被四方,宣传了"人人奉献,服务人人"的社会理念。该理念既强调了小小"微尘"也能塑造伟大的公益性内涵,又弘扬了"全民公益"时代人人参与公益的社会号召[1],从而实现与公众的高效传达与沟通。在此基础上,微尘基金又确立了"让公益成为习惯和生活方式"的愿景、"以'微尘'精神引领公益行动"的使命,以及"微爱善行,立己达人"的品牌价值观,是对品牌理念进一步的升华与阐释。

在品牌关注领域,微尘基金较早确立了以青少年"生命、健康、教育"为核心的救助体系,其中,"生命"项目覆盖了十余种重大疾病,"健康"项目是围绕自闭症、脑瘫患儿开展的一系列救助及关爱服务,"教育"则注重帮扶困境家庭和留守儿童,以改善教育现状为下一代提供综合素养培养为目标。关注对象及救助领域的明确,有利于微尘基金在当下繁芜的捐赠活动中,有效聚集对应资源、依靠自身素养提供切合需求的专业服务[2],这也是品牌专业性的一种体现。在常态化的品牌活动中,微尘基金陆续开展了大病救助、自闭症患儿康复、大学生助学、博爱小学、阳光少年、微尘班等项目。正是由于微尘基金关注青少年儿童的品

---

① 周鸿、李笑妍《融媒体时代民间公益组织的品牌化传播探究——以青岛民间公益组织"微尘"为例》,《新闻研究导刊》2022 年第 11 期,第 169~171 页。

② 周延风《我国慈善组织品牌建设策略与困境分析》,《社会科学家》2015 年第 1 期,第 64~71 页。

牌形象深入人心,无论是捐赠者还是身处困境的被捐赠人,在有需要的时候都能第一时间想到"微尘"。

围绕品牌标识、品牌理念与关注领域,"微尘"致力于树立鲜明的品牌识别,并使这种识别贯穿于内部成员的价值观中,于日常运营及传播中,不断深化公众对其品牌识别的认知与品牌形象的认可。

(三)品牌互动:在沟通交流中实现品牌共建

微尘基金建立后,通过与社会公众及捐赠者、受助者、政府部门以及其他组织建立持续的沟通互动机制,推动微尘品牌的合作共建与长远发展。

第一,微尘品牌与社会公众及捐赠者进行互动。微尘基金建立后,十分重视保持财务的公开透明,并及时对外公布捐款收支状况。微尘基金账户由青岛市红十字会与微尘基金理事会共同监管,并定期通过青岛市红十字会官方网站及自建门户网站及时公布基金的收支情况。微尘基金面向公众创办的 2011 年首期《微尘》杂志中,也专辟出一栏,将其 2009 年、2010 年的资金使用类目和金额详细列出。① 为进一步保证基金使用的规范与透明,2010 年 6 月微尘基金还专门成立微尘基金监督委员会,成员由山东省人大代表、山东省道德模范、"感动青岛"人物以及媒体人士等组成,旨在联合社会人士共同监督每一笔捐款的使用和出处,保证每一笔款项的公开透明。

除财务方面的公开互动之外,微尘基金也尤为注重情感方面的联系与互动。自成立以来,微尘基金便通过举办专门的感恩答谢会以及年度公益盛典,来感谢各位爱心人士和企业在公益道路上的默默付出与无私奉献。例如微尘基金刚成立不久,

---

① 青岛市红十字会主办《微尘》2011 年第 1 期,第 60 页。

便在 2009 年 6 月举行了首次公益盛典;2011 年 1 月微尘基金又通过举办感恩答谢音乐会的方式,来邀请并感谢进行捐赠的社会爱心人士;2024 年 1 月举办的十五周年公益庆典,微尘基金一如既往着重感谢了一直陪伴和支持的公益伙伴和爱心人士。通过年度公益盛典等形式,微尘基金逐步建立与社会公众和捐赠者之间的互动关系模式,也让"微尘"这个大家庭里的成员有了共同的情感归宿。

第二,微尘品牌与受助者进行互动。微尘基金十分注重自身品牌与被捐赠者之间的有效互动关系,绝非完成一次单向捐赠就大功告成。以阳光少年项目为例,自该项目设立起,为确保捐款百分之百送到受助者手里,微尘基金每年组织捐款人到项目实施的地区,进行实地走访并参与救助金发放过程。在实践过程中,微尘基金还十分注重提升服务质量、不断优化捐助模式,为避免阳光少年项目的捐赠款项被挪作他用,微尘基金将最初的助学金形式改进为包含文具、台灯、全套生活用品等在内的爱心包形式,面对面发送给学生本人,保证捐赠物资直接用于学生教育,从而有效保障了受助者的利益(图 3-2)。另外,微尘基金也会通过对受助者进行定期回访、慰问等,持续关注他们的生活。例如,早在 2013 年 7 月,微尘基金便救助过青岛平度旧店镇的"平安快乐"双龙凤四胞胎,2016 年和 2023 年,微尘基金又两度去看望四胞胎,了解他们的生活近况。孩子们与妈妈十分感念"微尘"们给予的帮助,看到他们健康茁壮的样子,工作人员也表示无比激动与欣喜。微尘基金的这一行为,充分表明了一次捐赠并不是捐赠的完成,"爱心的价值是给予,更重要的还有传递"。在这种持续追踪与回访下,不仅微尘基金同受助者的情感互动在不断升华,也有利于强化受助者对微尘品牌的认同,将爱的接力棒持续传递下去。

图 3-2　2023 年 10 月 17 日,微尘关爱阳光少年爱心包发放活动

　　第三,微尘品牌与其他组织进行合作互动。为进一步提升社会经济效益和影响感召力,微尘品牌充分发挥自身平台优势,与社会各界组织开展了一系列横向互动与合作,在建立长效筹资机制、弘扬微尘精神和深挖品牌内涵等方面,均取得显著成效。微尘基金成立之初,便确立了通过与商业化机构合作来进行高效筹资的机制。微尘基金曾以联合、许可和冠名使用"微尘"商标的模式,开展了一系列社会合作。企业产品或服务被冠以"微尘"商标后,经营所得的部分利润再捐给微尘基金,这种提升企业知名度与奉献社会的双赢模式,深得企业青睐。例如与香格里拉大饭店合作实施的"蓝领助学项目"、与广州某实业(集团)有限公司合作开展的"产品义卖"活动等,均是此类合作模式。此外,微尘基金还探索建立了与其他企业合作设立冠名子基金的合作模式。由于企业大都有着成熟的商业化品牌管理经验、较为充裕的品牌运作资金和数量庞大的目标群体,比较而

言,这些都是一般公益慈善组织较为欠缺的资源①,因而,设立"微尘"冠名基金能够"取长补短",通过调动社会企业履行社会责任的积极性,持续高效地拉动捐赠资源。例如,2009 年 8 月,青岛源泰置业投资有限公司曾捐款 50 万元,成立"微尘·山水基金";9 月,爱心企业 1919 创意产业园举办爱心拍卖会筹得 56 万元,悉数注入"微尘·1919 基金"。这种冠名基金的模式,有助于借用双方合力达到双赢的效果。直到今天,来自企业的捐赠仍是微尘基金的主要筹款来源,为微尘品牌的可持续运转提供了重要支撑。

微尘基金在企业合作之外,还致力于与大中小学、文化机构、科研院所等开展交流互动,例如与孔子学堂探索融合发展的公益新模式,与中国海洋大学马克思主义学院共同设立青岛市红十字文化与微尘公益研究院,与中国石油大学、青岛科技大学联合开展大学生支教志愿服务活动等。通过多样化的呈现形式,不仅可以将微尘理念渗透进每一位合作参与人员的心田,而且也能够为微尘品牌注入更加丰厚的内涵,从而进一步扩大"微尘"的影响力与感召力。

(四)品牌协同:汇聚合力优化传播质效

品牌协同是公益慈善组织品牌建设工作中不可或缺的一环,包括对外协同和内部协同两个方面。品牌对外协同通常也被表述为品牌传播,是指慈善组织通过各种渠道和方式(如网站、微信、各种宣传活动),传播品牌信息和树立组织专业形象,并保证传播内容与品牌核心价值的一致性,对品牌的整体建设和维护具有重要的战略作用。品牌内部协同则是指对内宣传策略和对外品牌战略保持一致,从而使员工能够很好地认知、理解

---

① 周延风《我国慈善组织品牌建设策略与困境分析》,《社会科学家》2015 年第 1 期,第 64~71 页。

和传播组织品牌。① 无论是对外协同还是内部协同,微尘基金都作出了卓有成效的探索。

在对外协同也就是品牌传播方面,微尘基金主要从构建官方传播矩阵、联合媒体传播推广两大方面进行发力,持续向外界传达良好品牌形象。在传播矩阵的构建上,微尘基金自成立以来,先后创立起微尘公益基金会官方网站、《微尘》杂志、官方微信公众号与微博账号。全方位、立体化的官方传播平台的搭建,不仅实现了微尘基金第一时间公告捐赠资讯、报告项目进展、沟通公众情感等的基础传播需求,同时也在优化传播效果与成本、提升组织透明度与公信力、建立可感知的品牌形象等多个方面带来巨大增益。

在杂志、网站等传统渠道的基础之上,微信公众号成为微尘基金目前重点发力的传播渠道,为"微尘"的品牌传播提供了强有力的生长环境。微尘基金自 2019 年新注册成立以来,开通"微尘公益基金会"和"青岛市微尘公益基金会"两个微信公众号,分别侧重不同的推送内容与题材。此处将两个账号视为一体,选取了 2023 年 6 月 1 日—2024 年 5 月 31 日期间的推送记录进行分析发现,这一年来微尘基金共推送了 106 条消息,除节日祝福以外,主要是围绕青少年公益项目及活动、微尘品牌建设活动、相关捐赠筹款活动、公益科普及行业资讯等几大方面进行了内容推送,既保证了官方来源信息的及时发布,又对外界传递出强烈的公益品牌属性。特别是能够围绕其所关注的青少年"生命、健康、教育"公益领域,在自家官方平台上持续发布相关信息。例如侧重推送日常工作动态的"青岛市微尘公益基金会"微信公众号,关于青少年项目行动、捐赠筹款与品牌活动信息的

---

① 黄光、叶慧玲、周延风、罗文恩《我国慈善组织品牌导向的维度构建研究》,《管理学报》2016 年第 9 期,第 1296～1304 页。

推送占比高达 71％；同时，每条推送消息的尾部，都会固定展示阳光少年项目海报、微尘大病救助海报或微尘公益基金会简介海报。这些协同性的传播举措，均有利于清晰传递"微尘"一致性的品牌形象并加深公众对其自身的品牌记忆，从而实现协同效应最大化。

媒体的传播推广，是微尘品牌得以成功传播的关键推手。媒体作为无冕之王，在慈善事业发展中的重要性已得到公益慈善组织的广泛重视，特别是具有公信力的主流媒体，由于担负着传播社会正能量、促进社会和谐的职责，也需要挖掘优质动人的公益慈善素材、设置兼具话题热度与舆论导向的议题，来弘扬传播社会正义道德以践行其社会责任。青岛市红十字会与《青岛早报》联合策划的"寻找微尘"系列活动；与青岛电视台合力推出《微尘在行动，爱心筑品牌》系列报道；与《人民日报》及其海外版合作，接连刊出《一粒"微尘"感动青岛》《我叫微尘》《"微尘"感人的爱心故事》等报道；中央电视台新闻联播、公益行动栏目与中央人民广播电台等央级媒体也多次播发有关"微尘"的新闻；与全国各级核心媒体建立联系等。在举世瞩目的上海合作组织青岛峰会前夕，人民日报社新媒体中心制作推出了青岛城市形象宣传片《青岛一分钟》，宣传片中以"一分钟，传递一颗爱心"的解说再现青岛"微尘"这个爱心群体。年复一年，在媒体持续关注报道下，"微尘"仿若公众记忆深处的那根琴弦，总能随时随地拨起动人的旋律。

在品牌的内部协同运营方面，微尘基金主要依据青少年"生命、健康、教育"核心救助体系，策划、组织与实施核心品牌项目。在明确品牌救助领域的前提下，微尘基金的理事与员工，通过系统培训与实践经历逐渐形成品牌归属与认同，重点组织的如博爱小学、阳光少年、微尘班、大病救助、大学生助学项目便是品牌协同的体现,从而保证了在对外传播内容上与核心品牌项目的一致性。例如"阳光少年"是微尘基金近年来的主力项目,在筹资渠道上,微尘基金通过"博爱青岛"与"月捐月美"小程序重点推介"阳光少年"项目(图 3-3);在活动组织上,微尘基金也更多围绕对困难学生的捐赠、儿童公益课堂、大学生支教活动、夏令营公益活动等进行策划实施。前文提到的对青少年项目活动进行的大范围传播,正是品牌内外协同下的效果。

图 3-3　2010 年 3 月—4 月,一名西南旱灾区少年收到微尘基金志愿者送的水后露出笑容

　　总之,正是通过以上全方位的品牌传播与内部协同工作,才能持续传达并加深"微尘"在公众心目中的品牌形象,更好地唤起公众参与"微尘"公益事业的热情。

(五)品牌文化:润物无声中提升品牌价值

　　品牌文化是指凝结在品牌中的价值、情感、观念等文化因素的总和。[①] 公益组织的主要资产不在于产品而在于一个"好名声",也就是树立一个可信赖的品牌形象。而公益慈善品牌文化建设的目的,就是要像黏合剂一样把外在的、功能性关系转变为

---

　　① 　生奇志主编《品牌学》,清华大学出版社 2011 年版,第 156 页。

内在的、更包容的内在机理,促使更多的利益相关者互相理解,信任承诺①,从而在社会公众心中树立值得信任的品牌形象,并于润物无声中提升品牌价值。微尘品牌本就脱胎于齐鲁文化与青岛城市文化的交融激荡之中,崇尚乐善好施、好客侠义的齐鲁大地,与彰显开放、包容、博爱气质的青岛之城,共同塑造着"微尘"的文化基因。因此,"微尘"对于打造自身品牌文化也有着独特的情怀,主要是从以下两方面入手。

其一,不断弘扬微尘精神,深挖文化内涵。"微尘"经历了从一名捐献爱心的普通市民,到无数默默奉献的公益群体,再到提炼为青岛精神符号这样一个嬗变的过程,微尘精神就是乐于助人、无私奉献、默默付出、不求回报的公益精神的体现,可以说是微尘品牌文化的内核和高度凝练。因此,弘扬微尘精神的过程,同时也是不断塑造和建设微尘品牌文化的过程。在微尘基金成立以前,通过新闻报道、荣誉表彰、"微尘"事迹宣讲报告会等形式,微尘精神激起全社会的爱心狂潮;在微尘基金成立后,通过常态化的项目活动与品牌运作,微尘精神持续传递,渗透进更多公众与参与者的心田。在新时代背景下,微尘基金更加注重深挖文化内涵,不断创新表达微尘精神。一方面,基于微尘精神与中华优秀传统文化中共同蕴含的尚义轻利、乐善好施等道德思想,微尘基金与孔子学堂融合发展成立微尘公益孔子学堂,在向传统文化的溯源中,为微尘品牌的创新发展注入更多精神内涵。另一方面,微尘基金不断深化与中国海洋大学等高校科研院所的合作,深挖微尘精神的理论内涵,以推动产出更多有关微尘品牌的创新文化成果(图 3-4)。

---

① 杜艳艳《对公益组织品牌建设的思考》,《新闻界》2011 年第 4 期,第 136～137 页。

图 3-4　中国海洋大学马克思主义学院与青岛市红十字会和微尘公益基金会交流(图片由中国海洋大学马克思主义学院提供)

　　其二,微尘将自身品牌 IP 化,持续产出有内容的文化产品或活动。从广义上而言,承载微尘内涵信息的所有可持续传播的形式,小到微尘的一枚徽章,大到微尘的项目活动,都属于微尘的品牌 IP,他们共同构成微尘品牌文化的载体。微尘标识确定后,青岛市红十字会于 2005 年 6 月 1 日推出首批 1000 枚微尘徽章,此后陆续推出微尘纪念品并开展爱心义卖活动,这一系列微尘的初代文化产品不仅风靡岛城大街小巷,而且其标志、徽章等还被青岛市档案馆永久收藏,成为新中国成立以来首次整体入驻该馆的一项公益活动资料。为继续推进微尘品牌建设,拍摄原创公益电影《寻找微尘》,荣获中宣部精神文明建设"五个一工程"奖。此外,围绕微尘品牌还陆续出版《寻找微尘——一座城市的良心》书籍与《微尘》杂志、举办"微尘与人道"公益论坛、成立红十字微尘合唱团、开展"微尘"相关主题的征文演讲比赛以及列入高考命题文综试卷等,在无数微尘相关 IP 润物无声的渗透效应下,微尘精神的文化影响力和道德感召力不断扩大。

综上而言,通过品牌意识、品牌识别、品牌互动、品牌协同与品牌文化五个方面,共同构建起"微尘"的品牌建设策略体系,成为其提升社会影响力的重要战略规划,也让这份爱心资产愈加珍贵与夺目。

三、微尘品牌展望

回顾微尘品牌发展历程、分析其品牌建设策略的同时,能够发现微尘品牌同样也存在一些发展的困境与不足,这也是目前国内众多公益慈善组织共同面临的一些问题。例如有学者曾指出,我国慈善组织在品牌建设中,更多的是从战术层面来运用品牌策略,缺乏从战略层面来思考品牌发展。[①] 微尘基金同样具有此类问题,尽管微尘已逐渐构建起系统的品牌策略体系,但是在执行层面仍呈现出重战术而轻战略等问题。从品牌战略的内涵出发,用品牌核心价值来统领组织的宣传活动,遵循品牌的发展规律,脚踏实地地做好公益项目的开放方面还有待提高。[②]

历经 20 年风雨的"微尘"属于 21 世纪以来的第一批公益组织品牌,虽具备品牌高知名度与美誉度的优势,却也面临着品牌老化的风险。如果只停留在昨日的辉煌,疏于管理与维护,原来树立的良好品牌形象将会随着时间的侵蚀而慢慢淡去,最终只能尘封进公众的记忆。品牌老化是品牌发展的周期规律,从内部加强防范与管理,推动活动项目、传播方式等的更新升级,保持在公众视野的活跃度与新鲜感,是"微尘"破除品牌老化困境

---

① 周延风《我国慈善组织品牌建设策略与困境分析》,《社会科学家》2015 年第 1 期,第 64~71 页。

② 青岛市红十字会主办《微尘》2011 年第 1 期,第 36 页。

有待考虑的问题。再者,在专业化品牌人才队伍建设、品牌数字化建设等方面,微尘基金仍显乏力。网络社交媒体发展日新月异,人工智能等数字化技术更是为人类创造出数字生活空间,公益组织同样需要适应时代的发展,持续吸引专业化人才加入,不断探索更新筹资捐赠渠道、公益活动形式、品牌推广手段等,但要作出这些转变均需要相应的经费开支,这与微尘基金"将每一分捐款都用于救助"的公益愿景相矛盾,这些均是微尘基金通向更为专业化的公益组织途中要破解的困境。

微尘基金自身也注意到当下的困境,并对未来的品牌发展充满期待。在对微尘基金的访谈中,以及微尘基金的公开会议或活动上,青岛市红十字会与微尘基金相关负责人都提到了未来的品牌发展思路。例如将结合党的二十大提出的"健全分层分类的社会救助体系",及时调整品牌发展策略,向苏州市红十字会等学习品牌建设思路[1];推进品牌项目的线上筹资捐赠工作,以及相关推广、执行和回访工作;结合 20 周年纪念日发行微尘文创产品、开展一系列相关活动,并扩大宣传力度等,从而感召更多的人加入微尘大家庭。

中国公益慈善事业发展正面临着变革与机遇,品牌化将成为公益慈善组织不断前进的方向。微尘品牌要进一步从战略层面发挥品牌在慈善组织决策中的引导作用,并结合自身品牌建设优厚基础,提升专业化运营与服务水平,持续优化品牌识别、互动、协同策略并传递良好的品牌形象,真正实现微尘品牌的可持续发展。

(王雅萍)

---

① 《青岛市微尘公益基金会访谈实录》,2024 年 4 月 9 日。

微尘基金会提升公信力建设方式

公信力是慈善事业之本。微尘基金会成立以来始终将公信力建设摆在重要位置，通过成功打造微尘品牌、提供优质慈善服务、推进信息公开、积极接受监督，获得了社会各界的广泛信任和支持，探索出了一条具有特色的公信力建设路径。

一、微尘基金会提高公信力的举措

服务是公益慈善组织与机构运作的核心，也是其保持活力的灵魂。服务供给效率与效果对公益慈善机构的生存与发展以及公信力的建设起着至关重要的作用。

（一）提供优质服务，增强组织美誉度和信誉度

随着我国经济社会的发展，微尘基金会进入迅速发展的阶段，其所提供的公益慈善服务在内容、种类、覆盖范围等维度都有了很大程度的进步与改善，微尘影响力不断扩大，组织公信力得到提高。

一是落实为民理念，回应群众关切。微尘基金会聚焦"生命、健康、教育"三大主题领域，实施生命项目、繁星计划和筑梦计划，解决群众急难愁盼问题。微尘基金会精准帮扶困难群众，大力传播慈善文化，激发慈善力量，助力共同富裕。微尘基金会广泛开展调研，扎根社区，深入基层，直面最现实的社会问题，了解群众的急难愁盼，设计并开展一系列人民需要的慈善项目。如今，微尘基金会已成为爱心市民与单位参与公益、奉献爱心的重要载体和平台，拥有数百位理事，以"生命、教育、健康"为核心

的微尘基金会救助项目体系日渐成熟,开展大病救助、喘息日服务、微尘阳光少年、大学生助学(图 3-5)、博爱小学等 30 余个项目,累计筹集款物 1 亿余元,直接受益人群达 10 万人,爱心足迹遍布山东、河南、安徽、贵州、四川、云南、新疆、西藏、青海、江苏等全国 17 个省份 20 多个地区。

图 3-5　2021 年青岛市微尘公益基金会大学生助学见面会

　　二是参与公共应急管理及灾害援助,发挥效能优势。2020年初,面对突如其来的新冠肺炎疫情,微尘基金会迅速响应,发挥公益组织能动性,汇集老百姓的每一份爱心,为国家分忧,发起"全民战疫,微尘有爱"活动,到 2021 年 9 月 10 日,为抗击疫情拨付款项、物资 295.98 万元。① 与此同时,微尘基金会还联合青岛红十字蓝天救援队在岛城启动"全民战疫"预防性消毒作业

_____

① 《微尘:播撒爱与希望的种子》,《青岛日报》2021 年 9 月 10 日,第 5 版。

行动。到 2022 年 2 月 19 日,共出动志愿者 3273 人次,服务 5810.5 小时,累计对 394 个社区及企事业单位预防性消毒 47.09 平方千米,830255 人受益,为岛城防疫工作的开展提供强有力的保障,展现了公益慈善组织的担当作为。微尘基金会因在疫情防控期间的突出贡献,被评为"青岛市抗击疫情最佳志愿服务组织"。2021 年 7 月河南突发洪灾,灾情严峻。微尘基金会积极响应,第一时间将价值 30 余万元灾区急需的物资送达救援第一线。① 根据微尘基金会的救灾资助战略——"救灾不止救急时",微尘基金会同时开启了河南突发洪灾地区学生专项资助,通过聚焦基金会主营业务,重点关注"弱势中的弱势"——致力于灾后青少年群体的定向帮扶,以实现灾难修复的多样性需求。

(三)接受各方监管,提高组织信息公开度和透明度

美国卡耐基基金会前主席卢塞尔说:公益慈善组织要有"玻璃做的口袋"。所谓"玻璃做的口袋",就是说你的口袋里有多少钱,你做什么事情,要透明到像玻璃一样,人人都可以看见。打造公益慈善组织的"玻璃口袋",才能增强公信力。微尘基金会利用"线上+线下"结合的方式,不断推动信息公开,主动接受监督,赢得了群众的信任。

一是依法履行信息公开义务,确保公开信息依法有效。微尘基金会按照《中华人民共和国慈善法》《基金会管理条例》《慈善组织信息公开办法》《基金会信息公布办法》等法律法规的要求履行信息公开义务,通过民政部提供的统一的信息平台——"慈善中国",规范公开基础信息、财务信息、项目信息。

二是建立新闻发言人制度,及时发布相关新闻,公开相关信

---

① 孙启孟《"微尘"30 万元爱心物资运往河南》,《青岛早报》2021 年 7 月 28 日,第 9 版。

息,回应社会关切,加强舆论引导。2024 年 5 月 6 日,微尘基金
会理事长于海波出席青岛市政府新闻发布会并答记者问,就微
尘 20 周年庆典活动、资金使用情况、项目救助情况、党建引领、
文化传播等方面进行回答(图 3-6)。

图 3-6　微尘基金会举行 20 周年新闻发布会

　　三是积极接受监督。微尘基金会组织架构清晰,设置理事
会和监事会,其中,监事会由 5 名成员组成,监事 4 人由捐赠人、
业务主管单位、登记管理机关选派,监事长 1 人由全体监事过半
数选举产生。监事依照章程规定的程序检查基金会财务和会计
资料,监督理事会遵守法律和章程的情况。监事列席理事会会
议,有权向理事会提出质询和建议,并向登记管理机关、业务主
管单位以及税务、会计主管部门反映情况。微尘基金会每年召
开理事大会暨监督委员会,报告工作(图 3-7)。2023 年 4 月,微
尘基金会召开 2022 年度理事大会暨监督委员会会议,青岛市红
十字会党组成员、副会长刘子升,青岛市红十字会筹资财务部部

图 3-7　2022 年微尘公益基金会召开理事大会暨监督委员会会议

长、微尘基金会监督委员会委员陈敏，微尘基金会监督委员会委员刘真骅，以及微尘基金会常务理事、理事等出席本次会议。会上，刘子升会长宣读《2022 年度青岛市微尘公益基金会监督委员会监督报告》。微尘基金会理事长于海波宣读《2022 年度青岛市微尘公益基金会工作报告》。微尘基金会秘书长丁德亮宣读《2023 年青岛市微尘公益基金会工作计划及预算》。微尘基金会常务理事梁永建宣读《2022 年度青岛市微尘公益基金会财务收支情况报告》。微尘基金会"微尘·阳光你我"理事服务团团长孙成炜宣读《2022 年度"微尘·阳光你我"理事服务团工作报告》。

　　四是加强与捐赠人、合作伙伴的沟通与联络。微尘基金会建立完善专项基金定期反馈报告制度，建立微信交流群等，及时反馈捐赠使用情况，增强捐款透明度。在反馈形式上，采取了多种方式，通过书面反馈、电话反馈、微信反馈、组织捐赠人走访受助家庭等，一方面使捐赠人能够感受到微尘基金会对捐赠的重视,更重要的是可以使捐赠人监督捐赠款物使用情况。

二、公信力建设永远在路上

任何组织发展都不是一劳永逸的,公信力建设对于公益慈善组织来说,没有最好,只有更好;没有终点,只有路上。对于微尘基金会来说,在以下几个方面存在着较大提升空间。

(一)不断提升信息透明度

一是信息化建设有待提升。基金会官方网站是基金会长期、稳定的信息公开渠道,能够让公众比较便捷、集中地了解基金会的信息公开情况。在"慈善中国"网站上可以看到微尘基金会有登录在册的门户网站,网站设置"关于我们""我们关注的""近期公益活动""最新动态""表格下载""公开透明"等专栏,但是通过测试,发现网站栏目无法正常打开。

二是信息公开内容中缺少"人"的信息。在微尘基金会公开的信息中,决策执行监督人员的信息缺乏有效公开,仅公开理事会、监事会、执行机构成员的职务、任期开始时间,以及是否为党政机关、国有企事业单位退(离)休干部,并未公开人员详细背景、工作内容和领薪情况。

三是项目信息公开不全面。微尘基金会仅就项目的收入和支出情况,以及服务领域、对象和地区信息进行了公开,但是在捐赠款物拨付、使用的时间和数额、捐赠活动和项目成本、捐助效果(图片、数字、文字说明)等方面缺乏有效公开。

为此,需要在弥补不足和欠缺的基础上,搭建慈善沟通平台,完善信息披露机制,具体做法如下。一是构建信息公开的网络化平台。信息公开的方式多种多样,包括年报、公报、信息发布会及报刊、网络、广播、电视等。相比较而言,网络公开的优势最为明显,通过网络,信息占有者与信息需求者可以进行互动交流,信息需求者可以快捷、方便地查阅或复制公布的信息资料。因此,应该明确规定将互联网作为公益慈善组织信息公开的主要途径,实现公益慈善组织"网上透明""网上晒账单"。微尘基金会需要重视并加强官方网站建设,对官方网站进行改造升级,优化版面设计,完善内容维护,加强数据对接,拓展客服体系,提升运用网络开展慈善募捐备案管理的效能,公开慈善信息,方便公众便捷查阅公益慈善的"明白账""放心账"。同时,探索区块链技术在公益捐赠、善款追踪、透明管理等方面的运用,构建防篡改的公益慈善组织信息查询体系,增强信息发布与搜索服务的权威性、透明度与公众信任度。

二是要完善以信息披露为核心的慈善信息公开化机制。"阳光是最好的防腐剂,灯光是最好的警察。"因此,将信息公开作为微尘基金会治理能力现代化建设尤其是公信力建设的主要着力点和落脚点,微尘基金会应进一步扩大慈善信息公开披露的内容。在基金会构成人员方面,进一步公布工作人员相关背景、业务范围、主要职能等具体信息;在项目管理方面,利用区块链和先进的数据技术,精细化地管理救助信息与捐赠人反馈,通过资金流向轨迹查询系统,将每笔善款收入和支出都清晰地对应起来。同时,做好服务反馈工作,加强受助者信息反馈的公示。慈善项目的运行是否有效,受助者是最直接、最有力的发言者,公开受助者的反馈信息有利于增强社会公众对慈善项目的信任,也有利于提高组织筹集资金的能力。

(二)完善监督机制,健全监督体系

公益慈善组织的监督机制旨在确保其活动的透明性、责任性和合法性,分为内部监督和外部监督两大方面。外部监督又涉及政府监督、包括媒体、公众以及第三方评估机构在内的社会监督。微尘基金会通过设立理事会、监事会和执行机构,明确权

力边界和责任分工,有效强化管理和监督,构建起较为完善的自我监督体系。比较而言,其外部监督机制相对不足。政府监管功能的缺失是当前外部监督不足的主要原因之一。公益慈善组织作为公益性质的机构,其资金使用和管理涉及公共利益和社会信任,需要政府担当监督的角色,但实际上政府部门时间精力有限,难以对种类繁多、数量巨大的公益慈善组织进行实质性监督,很难发现公益慈善组织运作中存在的迫切问题。此外,社会监督力量薄弱也是问题的重要方面。社会各界对公益慈善组织的关注和监督程度不足,公众对其运作的了解和参与度不高,难以形成有效的外部压力和监督机制。媒体监督近年来方兴未艾,虽起到了一定作用,但很多情况下是事后监督,很难防患于未然。第三方评估机构的不健全同样是外部监督体系的短板。第三方评估在公益慈善组织公信力建设中具有评价、引导、激励、预防等作用,但相比国外发达国家而言,中国的第三方评估机制建设起步较晚,存在诸多不足,在具体实施过程中也存在种种障碍。

　　为了保障微尘基金会健康稳步发展,完善监督机制,健全监督体系,提高监督合力,显得尤为重要。首先,加强行业自律。完善慈善行业自律机制建设。一是要聚焦提高联合行业力量、凝聚行业共识、加强行业自律等核心功能,做好加强行业交流、反映行业诉求、规范行业行为、维护行业秩序等本职工作,带动行业健康发展。二是加强行政监管与行业自律间的相互补充与衔接,支持和指导慈善行业组织牵头建立行业自律机制、拟定行业规划、起草行业标准、开展行业统计、组织评选表彰等工作,推动慈善行业标准、自律规范的建设,提升慈善行业诚信水平和行业公信力。三是设立专项资金支持慈善行业组织开展合规建设,组建合规专家团队,引导和支持公益慈善组织开展合规管理体系建设,提升行业规范化和专业化水平。

其次,健全政府监督机制。新修订的《中华人民共和国慈善法》规定,"县级以上人民政府应当统筹、协调、督促和指导有关部门在各自职责范围内做好慈善事业的扶持发展和规范管理工作……加强对慈善活动的监督、管理和服务"。该项规定强化了各级政府统筹协调的职责,有利于进一步促进各地慈善事业发展。政府部门要强化工作统筹,健全监管机制,积极协调业务主管单位、金融监管部门、行业管理部门,压实各方责任,形成工作合力,指导公益慈善组织建立健全信息公开等各项内部制度,构建慈善行业诚信建设长效机制,及时总结归纳好经验、好做法,评选公益慈善组织信息公开优秀典型,激发公益慈善组织向善、向上的动力和活力。

再次,完善社会监督机制。一是公众和媒体的监督。社会公众的参与是推动公益慈善组织发展的最强大的力量,社会监督更是对公益慈善组织强大的约束力。要通过积极宣传引导的方式,培养公众的主动监督意识。鼓励捐赠者监督,建立高效且方便的信息查询渠道,便于捐赠者查询资金用途和走向。制定完善的法律申诉制度,捐赠者发现有违背自己的意愿使用资金的情况,可以采取法律途径追究相关组织的责任。媒体监督是规范公益慈善组织行为关键的一道防线。媒体应严守职业道德,既不能对公益慈善组织的成绩肆意夸大,也不能以莫须有的罪名诋毁公益慈善组织,应当向社会大众传播积极、准确的信息,让社会公众对慈善事业有全面且正确的了解。

最后,建立第三方评估机制。建立公益慈善组织第三方评估机制,是完善公益慈善组织综合监管体系的重要内容,是公益慈善组织评估的发展方向。探索建立专业化、社会化的第三方监督机制,建立健全公益慈善组织第三方评估机制,通过邀请各方面专业人士组成评估或监督委员会,对公益慈善组织的信息公开情况进行综合评估,确保程序公平、结果公正;同时,鼓励专家学者、研究机构等对公益慈善组织信息公开情况进行分析研究,形成研究报告向社会发布。引入第三方评估机制,不仅可以充分发挥社会力量的专业优势,使评估结果更具专业性和公信力;还可以帮助政府减轻监管负担,提升社会治理效能和水平。

公益慈善事业是中国特色社会主义事业的重要组成部分,对促进社会公平正义、推动实现共同富裕具有重要意义。微尘基金会在公信力建设方面的有益经验和做法,是其能够赢得公众信任的关键。在未来发展中,微尘基金会将持续不断地加强公信力建设,擦亮公信力这张名片,为推动青岛公益慈善事业高质量发展不懈努力。

（张聪）

微尘基金会发展透视

自 2008 年青岛几位爱心企业家受到微尘精神感召,成立了以"微尘"命名的青岛市红十字微尘基金作为红十字会下设专项分基金,到 2019 年在民政局注册成立独立法人团体"青岛市微尘公益基金会",10 多年来微尘基金会一路向阳,茁壮成长,由小变大。梳理微尘基金会的发展现状,总结经验,查找不足,分析原因,提出改进办法,以便使微尘基金会行稳致远,更加健康发展。

一、微尘基金会发展现状

微尘公益基金会在成为独立基金会之前,为了提升基金管理的规范性和专业化水平,在 2010 年 6 月 29 日成立了红十字微尘基金监督委员会,由来自不同领域的人组成,包括省道德模范、"感动青岛"人物、人大代表、政协委员和媒体记者等。2019年,在青岛市红十字微尘基金的基础上,成立微尘公益基金会。微尘公益基金会的组织结构包括最高决策层理事会、负责日常运营的秘书处及专门单位。理事会负责制定和审查基金会的重要政策和计划。秘书处作为执行机构,处理日常事务,确保工作的有效执行,同时设有多个部门,如办公室、车友会、合唱团等。基金会还包括 17 个分基金①、理事单位和数百名爱心理事等部分(图 3-8)。

---

① 目前,微尘基金已联合爱心企业先后成立了 20 多支分基金,都是以捐资单位冠名,致力于某个项目的专项救助。这些基金都在某个方面解决了受助者的困难,比如"微尘·消防勇士基金"关注受伤消防战士,"微尘·新泰康基金"关注失能和半失能老人护理,"微尘·威高爱肾基金"关注肾病患者,"微尘·新视界基金"关注白内障困难家庭老人,"微尘·关爱牙缺失老人公益分基金"关注老年缺牙群体,等等。

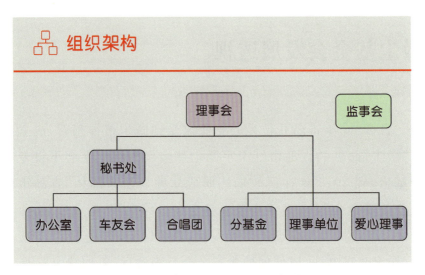

图 3-8　微尘公益基金会组织架构图

　　基金会专注于"生命、教育、健康"三大领域,主要帮助对象是贫困学生、贫困家庭中的病患儿童,以及改善困境家庭中孩子的教育环境,旨在为每一个未成年人创造一个更加美好的未来。基金会成立以来,成功开展了 30 多个具有重大影响力的救助项目,这些项目不仅涵盖了山东,还扩展到安徽、贵州、四川、云南、新疆、西藏等中国 17 个省份。截至 2023 年,基金会已经为 1900 多名重症患者提供了帮助,资助了 58 所博爱小学,支持了超过 2 万名微尘阳光少年,并设立了 8 所高中微尘班。此外,基金会已经筹集了超过 1 亿元的爱心款物,直接受益者超过 10 万人(图 3-9)。微尘公益基金会已经成为山东省乃至全国有影响力的公益慈善组织。

二、微尘基金会发展面临问题

　　微尘基金会在发展过程中,与全国的其他公益慈善组织一样,面临着专业人才的缺乏、公益资源增加,以及组织的内部治

图 3-9 山东青岛平度市古岘镇大朱毛小学举行青岛红十字微尘博爱学校揭牌仪式

理机制需要进一步完善等制约因素。下面结合国内公益基金会的情况,分析问题,查找原因,以便进一步做大做强,使组织持久健康发展。

(一)专业人才缺乏

以大部分人的眼光来看,公益事业就是做好人好事,没有认识到公益事业也是一项专业工作。同时,绝大多数热心公益人士都有自己的工作,只能利用自己的业余时间,为公益组织提供兼职服务。其实,公益事业不是只有爱心就可以做好的,特别是基金会作为一个专业的公益慈善组织,在公益传播、资金筹集、项目管理、信息化运营等方面需要专业人才,而且在公关、营销、媒体、志愿服务、社会工作等方面也需要专业人才。人才缺乏不可避免地对慈善服务的水平和专业性造成影响。[①] 同时,基金会的人员素质分布呈现出显著的差异化,绝大多数人员教育背景相对较弱,能力和经验方面仍然存在不足,难以满足基金会当前的发展需求。

　　造成基金会人才缺乏的原因主要有以下几点:第一,基金会的工作强度大,工作内容的重复性较高。一些员工甚至需要经常承担原本不属于自己职责范围内的工作,这种情况的存在逐渐削弱了他们工作的积极性和创造性。第二,基金会的薪资水平相对较低,且职业发展空间有限。与政府机关和私营企业相比,基金会的薪酬和社会福利方面存在明显不足,减少了对人才的吸引力。根据 2019 年发布的《中国公益发展人才状况研究报告》,公益行业员工的薪酬满意度平均仅为 2.89,反映出行业内的薪酬水平并不令人满意。此外,公益行业缺乏职业晋升制度,无法满足专业人才在职业发展方面的需求,这也是"微尘"在吸引和保留人才时面临的一个重要挑战。第三,基金会用人制度不完善。目前我国公益慈善事业正处于从简单粗放到专业规范的转型时期,专业化、规范化的公益慈善体系尚未建立起来,人才培养机制不完善,无法对内部成员进行精准化的专业技能培训。第四,在我国的教育体系中,开设公益慈善相关专业的院校较少。在 2022 年 3 月公布的 2021 年度普通高等学校本科专业备案和审批结果中,全国只有山东工商学院与浙江工商大学这两所院校设立了慈善管理本科专业。教育界对于如何培养具有慈善学历的人才,在课程设置、教学方法、评估标准等方面,还未达成广泛的共识。第五,社会对公益从业人员的认知存在误解,公众对从业人员的期望过高,有时甚至有道德洁癖,给从业人员

---

　　① 蔡文秀《共同富裕视域下中国特色慈善事业发展研究》,山东大学硕士学位论文,2024 年,第 84~85 页。

带来了巨大的压力和挑战。以上因素共同导致了人才短缺的问题。在这样的大环境下,微尘基金会像其他基金会一样,其专业人才的缺乏或不足制约了组织做强做大。

(二)公益慈善资源的不足

充足的资金是保证公益组织持续、健康、稳定发展的首要前提和关键因素,资金短缺始终困扰着微尘基金会的发展。从资金筹集的角度看,慈善事业拥有多样化的资金来源,如政府资助、企业捐赠和公众捐款。然而,对微尘基金会而言,主要是来自企业的捐赠和公众自愿捐赠。

近年来,由于经济下行压力大、公益组织社会公信力下降等原因,公益慈善基金会面临资金筹集、调配和使用的压力。这些情况直接影响了公益组织收到的捐款数额,导致慈善公益事业的发展进入了一个相对困难的时期。另外,在自媒体时代的大背景下,要充分利用多种社交媒体平台进行活动宣传,而基金会的宣传力度不够,宣传内容多集中于筹款、招募和志愿活动,对活动公告和杰出志愿者的宣传较少,且网站宣传资料的更新不够及时、全面。[①] 这些问题限制了基金会的宣传效果和社会影响力。另外,青岛市内公益慈善活动内容的同质化导致了各组织的关注点和资源主要集中在特定领域,难以满足社会多样化的需求。

(三)组织的内部治理机制有待完善

公益基金会的内部治理包括决策、监督和执行等关键机制,它是实现自我管理和自治的基础。这种能力乃是维护其公益本质、提升组织核心竞争力和公信力的基石。这一能力不仅直接

---

① 李爱华、高欣慧、赵小忠《慈善组织运营费用支出控制问题研究》,《财会研究》2015 年第 8 期,第 59~61 页。

决定了基金会能否有效发挥其慈善职能,更是其长远发展的关键所在。

权责划分的不明确性以及内部机构之间缺乏必要的协调与制衡,无疑削弱了基金会在获取和管理社会资源方面的能力,使其难以实现慈善资源利用的最大化效益。其次,公益基金会的内部财务治理机制也需进一步优化与完善。财务治理能力的高低直接影响到慈善组织的健康成长以及社会对慈善组织的评价。公益基金会与营利性组织不同,其目标不在于追求经济利益的最大化,而是通过对公益财产的精心管理和高效运作,以实现帮扶效果的最大化,从而达到统一社会效益与经济效益的终极目标。

另外,行业自律的缺失和社会监督的不充分也是影响微尘基金会治理的重要因素。由于社会组织数量众多、分布广泛,仅依靠政府机构难以实现有效监管,因此需要行业自律和社会监管的补充。社会监管由于受到信息披露不足、监督渠道和程序不完善等方面的限制,其作用发挥受到了极大的限制。[1]

三、完善微尘公益基金会治理对策

(一)配置专业人才

党的二十大报告对第三次分配的阐释使其重要性提升到一个新的高度,以微尘为代表的公益慈善组织能否在第三次分配中发挥更大作用,很大程度上有赖于更多专业人才的加盟和支撑。

公益慈善专业人才是指拥有相关专业知识或行业技能,满足岗位能力要求,并且认同公益慈善组织的文化和价值观,能够

---

[1] 彭军《完善社会组织监管机制促进社会治理创新》,《中国民政》2015 年第 5 期,第 23~25 页。

通过创造性的劳动为公益慈善组织的发展作出积极贡献的人。①
为了加强专业人才建设，需要采取以下措施。首先，加强薪资激
励。薪酬待遇的限制，使得大多数优秀人才主要集中在政府部
门或市场组织。公益慈善组织要建立与个人奉献相对称的薪酬
激励机制和个人成长激励机制。公益基金会需要树立现代组织
激励观念，采取精神激励、物质激励和个人成长激励相结合的多
元激励手段，坚持效率优先、兼顾公平的分配原则。其次，定期
开展专业培训，以确保员工在知识技能和专业领域的持续补充，
并将所学理论精确转化为慈善事业的实际操作。同时，建立健
全的反馈机制，以保障专业培训的持续高质量运行。除了基金
会自身的培训，还应加强与高校的沟通、交流与协作，以促进公
益慈善组织与教育机构之间的互补和共同进步。最后，主动通
过媒体和教育平台，深化公众对公益行业的认知，阐释从业人员
的职责本质，以此来建立信任并减少对工作人员不切实际的期
待。此外，公益慈善组织还应提供心理健康支持和辅导，帮助员
工有效应对高期望和道德压力，从而更好地服务于公益慈善事业。

可喜的是，第一家红十字国际学院"苏州大学红十字国际学
院"于 2019 年 8 月成立，学院建立了"一带一路"人道合作教研
中心等 8 个教学研究中心，聘请了一批国内外知名专家教授担
任教研中心主任和专、兼职教授。在学历学位教育方面，学院先
后开办了面向本科生的"国际人道工作实务"微专业课程，开办
了两年制的社会学（人道工作方向）硕士研究生课程，还与苏州
大学相关学院合作，联合培养红十字人道领域相关方向的硕士、
博士研究生。在高管培训方面，学院创新开办了一年制的人道
事务高级研修班，持续举办红十字领导干部短训班、青年人道骨

---

① 王俊秋、许维江《社会治理视域下的慈善组织发展道路研究》，科学技术文献
出版社 2019 年版，第 124 页。

干培训班、国际人道法暑期班以及国际人道交流合作研讨班等。学院成立以来,已累计举办各类研修班、短训班、暑期班 50 余期,培训国内外学员 3000 多名。微尘既可以借船出海,利用红十字国际学院平台来加强人员培训,也可以联合青岛当地高校有关专业进行人才培养,以实现人才自给。

(二)夯实稳定向善资金来源

建立一个开放、透明且包容的公益慈善信息平台,将确保公众能够及时获取准确的慈善信息。慈善透明无止境,这是增强公益慈善组织社会公信力的基本办法。公益慈善信息平台是公众了解和认识微尘公益基金会、获取公益慈善信息、传递社会善意的关键渠道。

"公益数字化"成为行业的一个热点词汇,互联网技术和数字化逻辑对公益慈善行业产生了深远影响。[①]"互联网＋公益"模式在动员资源、汇聚力量和传播正能量方面具有巨大潜力,能够为困难群体提供新的求助途径,成为慈善事业发展的强大推动力。[②] 在网络中,微尘基金会需要建立一个稳定渠道和永久空间,保持窗口开放并更新内容,下架反响差的项目,上架有潜力的项目,尤其是收入高的品牌项目,并持续宣传和巩固。如此,可逐步增强微尘基金会的影响力和感召力,建立健全的筹资机制。[③]

微尘在建立公益慈善项目时,既要分析微尘的价值观和使命,以此突显以使命为核心的品牌特性;又要从外部深入研究目

[①] 赵杰翔、朱健刚《互联网慈善与数字公益报告》,《中国慈善发展报告(2022)》,社科文献出版社 2023 年版。

[②] 金晨《网络公益平台让你"随手献爱心"》,《社会与公益》2022 年第 12 期,第88～90 页。

[③] 青岛市红十字会与微尘公益座谈会,2024 年 4 月 9 日于中国海洋大学马克思主义学院会议室。

标受众的需求,进而构建以需求为导向的公益慈善项目,使项目在针对性和有效性方面获得提升,从而吸引更多人关注和投入。

(三)优化和完善组织内部治理机制

首先,在优化财务治理方面,建立一套完备的财务议事和决策制度。决策机构需要确保微尘基金会的财产严格按照章程和协议的要求,以确保慈善资金的安全和高效运用。其次,加强内部财务监督,建立完善的财务监督制度,以规避财务风险,提升善款的使用效益。此外,建立一个透明的财务信息公开机制也至关重要。基金会需要主动向社会公开重大资产变动、投资交易和资金往来的信息,并将与组织发起人、主要捐赠人、管理人员、受助人等重要关联方的交易、捐赠、共同投资、委托投资和资金往来等信息纳入公开的范围。建立一个由政府监管、行业自律、利益相关方参与和社会监督组成的全方位监管网络。在政府监管层面,基金会需要各主管部门和相关机构协同合作,共同执行监管职能。在社会监督层面,基金会应建立一个由第三方评估、媒体和公众监督相互补充的监督体系。在利益相关方监督层面,主要涉及捐赠人和慈善受益人的监督权,他们作为慈善活动的两端,对慈善组织和活动都有监督的责任和权力。在行业自律层面,公益基金会、慈善机构以及公益慈善行业的协会或联合会等应制定并遵守"自律公约",确保所有相关人员严格遵守公约规定,维护行业内成员的合法权益。

总之,微尘基金会成立以来快速发展,取得较大的成绩。在未来发展中,希望微尘基金会通过在组织健全、专业化的管理、品牌维护和文化挖掘等方面持续改进和提升,继续引领青岛公益事业发展。

（张玉荣）

渊 源 篇

微尘现象兴起的传统文化溯源

文化是一个民族的灵魂,也是一座城市的底色。公益慈善事业发展蕴含着传统公益慈善文化的底色,公益慈善事业发展程度折射出慈善文化持久的影响力。[①] 每一项公益慈善事业都不是凭空产生的,而是有其深刻的传统文化动因,微尘现象兴起就是文化的力量体现,特别是齐鲁文化为微尘的兴起奠定了坚实的文化基础。

一、儒家文化是微尘现象兴起的最重要渊源

青岛,这座镶嵌在齐鲁大地上的璀璨明珠,自古以来便是儒家文化的重要传承地。儒家思想中的"仁爱"与"孝悌"观念,如同细雨般长期滋润着青岛这片热土,孕育出了独特的慈孝之风。这种风气不仅深植于青岛人民的心中,更在微尘公益现象中得到了淋漓尽致的展现,成为青岛城市文化不可或缺的一部分。

(一)"亲亲""泛爱众"的仁爱思想

众所周知,儒家学派创始人孔子就创立了以"仁爱"为核心的儒家思想,为儒家慈善观的形成奠定了早期的理论基础。可以说,"仁"不仅是儒家思想的核心内容,也是儒家慈善观的重要基础。在儒家经典《论语》当中,言"仁"共有 109 次,足以说明"仁"在儒家思想中的重要地位和意义。但就"仁"的来源和发展来说,孔子在一定程度上受到了齐文化的影响。长期研究齐鲁文化的王志民先生认为在齐国之前的东夷文化中,就已经存在

---

① 高静华《中国特色慈善事业的文化动因》,《社会保障评论》2023 年第 1 期,第 133~146 页。

"仁"的习俗,体现了古东夷族人民仁爱好生的道德品质。后来姜太公受封于齐,在东夷地区创建了齐国,东夷族的"仁"俗经过"因俗简礼"的改造之后,就成为齐文化的重要组成部分。[①]

"樊迟问仁。子曰:'爱人。'"真正的仁者,应该懂得推己及人,爱护他人。"仁"乃是人的本质所在,只有具备了"仁",才能被称作真正意义上的人。而要成为"仁者",首先要做到的就是"孝悌""忠恕",此二者皆是"行仁"的具体表现。所谓"孝悌",乃为仁之本,是"仁"生发的原始基础。一个人唯有先尊敬、孝顺自己的父母兄长,才有可能爱护其他与自己本无血缘关系的人;反之,一个人如果不尊敬、孝顺与自己有血缘关系的父母兄弟,那就更谈不上爱其他普通人。所谓"忠恕",乃是说己立立人,己达达人,己所不欲,勿施于人。一个人如果想要立身,那就要让他人先立起来;如果想让自己事业通达,那就要先让他人事业通达。自己不要的东西,也不要强加给别人。[②] 唯有如此,才能算得上是一个真正的仁者。

孟子是儒家"性善论"的开创者,他在孔子的基础上进一步发展了"仁爱"思想,丰富了儒家慈善观的内涵。孟子指出:"无恻隐之心,非人也;无羞恶之心,非人也;无辞让之心,非人也;无是非之心,非人也。恻隐之心,仁之端也;羞恶之心,义之端也;辞让之心,礼之端也;是非之心,智之端也。人之有是四端也,犹其有四体也。"[③]在孟子看来,每个人的本性都是善良的,当人们看到小孩子掉进井里时,就会感到害怕并给予同情,这些皆是人善良本性的自然流露。而在人们所拥有的恻隐之心、羞恶之心、辞让之心和是非之心中,恻隐之心是最重要的,它是仁爱的本

---

① 王志民、吕文明《齐鲁文化要览》,山东人民出版社 2022 年版,第 63 页。

② 夏明月、彭柏林《论儒家的公益慈善伦理思想》,《伦理学研究》2012 年第 3 期,第 50~54 页。

③ 杨伯峻译注《孟子译注》,中华书局 2012 年版,第 83 页。

源,也是人们从事慈善活动的动机所在。同时孟子指出:"人性之善也,犹水之就下也,人无有不善,水无有不下。"①可见,人人均有向善之心,人性向善就如流水向下一样自然,上善若水。正因为如此,人们才会求善得善,求仁得仁。

(二)"博施济众"的民本思想

所谓民本,就是君主要以民为本,将人民的幸福安康作为治国安邦的根本。民本思想是齐鲁文化的重要内容。西周初年,姜尚被封于齐国负责治理当地的夷人,在此期间他非常注意顺应民心,对于夷人"因其俗,简其礼,通商工之业,便鱼盐之利"②。正因为如此,"人民多归齐,齐为大国",而本地的东夷文化逐渐向齐文化转变。

齐国丞相管仲非常看重民本思想在国家治理中的作用,他明确提出"齐国百姓,公之本也"③,"夫霸王之所始也,以人为本。本理则国固,本乱则国危"④的民本理念,认为统治者应该施行仁政,"行九惠之教"。所谓九惠之教,即"一曰老老,二曰慈幼,三曰恤孤,四曰养疾,五曰合独,六曰问疾,七曰通穷,八曰振困,九曰接绝"⑤。可见,民本思想是齐文化的重要内容。

孟子借鉴了齐文化中的民本思想,并在此基础上更加明确提出了"民为贵,社稷次之,君为轻"⑥的民本思想。儒家的民本思想主要体现为在实践上主张博施于民、惠民和实行仁政,成为后世慈善理念和慈善事业兴起发展的重要源泉。

青岛作为齐鲁大地上近代兴起的城市,深受齐鲁文化中民

---

① 杨伯峻译注《孟子译注》,中华书局 2012 年版,第 278 页。
② 司马迁《史记·中册》,中华书局 2006 年版,第 1245 页。
③ 李山、轩新丽译注《管子》,中华书局 2019 年版,第 412 页。
④ 李山、轩新丽译注《管子》,中华书局 2019 年版,第 434 页。
⑤ 李山、轩新丽译注《管子》,中华书局 2019 年版,第 777 页。
⑥ 杨伯峻译注《孟子译注》,中华书局 2012 年版,第 364 页。

本思想的浸润,尤其扶危济困、博施济众的儒家信条已经深入民众的文化之脉,成为社会大众心理的一部分。

(三)"天下为公"的大同思想

"天下为公"的大同思想是儒家慈善理论体系的重要组成部分,集中体现了"天下大同"的公益慈善伦理追求,也是社会慈善事业和公益事业发展的重要理论渊源。

孔子关于"大同世界"的思想出自《礼记·礼运》,即"大道之行也,天下为公。选贤与能,讲信修睦。故人不独亲其亲,不独子其子,使老有所终,壮有所用,幼有所长,矜寡、孤独、废疾者,皆有所养。男有分,女有归。货,恶其弃于地也,不必藏于己;力,恶其不出于身也,不必为己。是故谋闭而不兴,盗窃乱贼而不作,故外户而不闭。是谓大同"①。这即是说,在大同社会里,每个有劳动能力的人都应该从事劳动。而那些没有劳动能力的人,应该被社会供养起来。孟子理想中的大同社会乃是"乡田同井,出入相友,守望相助,疾病相扶持,则百姓亲睦"②。它与孔子的"大同"学说一起,共同构成了儒家"大同"思想的精华。在天下为公的大同思想的影响下,许多乐善好施的仁人秉持着"人饥己饥,人溺己溺"的精神,投身于扶危济困的社会慈善活动中,以期天下成为一家。

综上,以儒家思想为核心的齐鲁文化蕴含的"仁者爱人""民为邦本""天下大同"等思想,对于塑造青岛人文精神产生了深远的影响。微尘现象的出现,就是善良与仁慈这种善的种子发芽成长的表现。

---

① 许嘉璐主编,钱兴奇译注《礼记》,江苏人民出版社 2019 年版,第 368 页。
② 杨伯峻译注《孟子译注》,中华书局 2012 年版,第 89 页。

二、道家文化是微尘现象兴起的重要渊源

青岛受道家文化影响甚远。道家文化成为仅次于儒家文化的"显学",影响着一代代胶东人。因此,道家所蕴含的丰富的人文伦理思想,如乐生好善、祸福相承等道德观念,是微尘现象兴起的又一重要源头。

(一)乐生好善的慈悲济世观

道家从"齐同慈爱"出发,积极倡导济世利人。道家创始人老子说,"我恒有三宝,持而宝之:一曰慈,二曰俭,三曰不敢为天下先"①。在"治世三宝"中,第一宝就是"慈",所谓"慈"就是"辅万物自然而不敢为",所谓"善"就是"利万物而不争"。因此,"齐同慈爱"是道家一贯奉行的基本原则,也是道家济世救人的基本思想。在道家看来,善行义举是人应当所具有的美德。道家"劝善书"中对社会救济和公益事业的关怀更是比比皆是,如"矜孤恤贫,敬老怜贫",劝诫人们"惜衣食周道路之饥寒",还要"修数百里崎岖之路,造千万人来往之桥",乃至舍药材、施茶水等。②

道家具有宽广的慈悲心和济世的胸怀。在道家看来,天地中的一切财物乃是天地阴阳中和之气所在,不应被私人占有。由此提出了"乐以养人""周穷救急"的慈善观念,如果"积财亿万,不肯救穷周急,使人饥寒而死,罪不除也"。同时多行善功也是得道成仙的重要条件,《抱朴子·内篇》称:"人欲地仙,当立三百善;欲天仙,立千二百善。"③因此,道家弟子要敬奉天地,同时要对其他世俗民众深怀慈爱之心,乐生好善,体验到幸福的境

---

① 汤漳平、王朝华《道德经》,中华书局2021年版,第263页。

② 丁常云《弘道扬善——道家伦理及其现代价值》,上海辞书出版社2006年版,第77页。

③ 王明《抱朴子内篇校释》,中华书局1985年版,第53页。

界,只有这样才能长生不老,羽化登仙。

(二)祸福相承的善恶报应观

先秦道家对善恶报应作了最早的阐述,并使之成为劝善去恶的慈善道德基础。《道德经》第七十九章云:"夫天道无亲,常与善人。"①"道"是天地万物的本源,无法察知,不可名状,却可以赏罚应时,使善人得福,恶人得祸。庄子也认为人们行善"可以保身,可以全生,可以养亲,可以尽年"。② 因此,先秦道家认为人们应该遵循天道的规律,人人向善,善待芸芸众生。

东汉末年的道家在继承了先秦道家的善恶思想基础上,发展出了道家的善恶报应观,并提出了"承负说"。道家劝善书一方面告诉人们只要多行善事,积德累功,就会"人皆敬之,天道佑之,福禄随之,众邪远之,神灵卫之,所作必成,神仙可冀";另一方面也警戒人们:"祸福无门,惟人自召;善恶之报,如影随形。"③也就是说,自己所遭遇的世间的一切祸害全都是由自己所做的恶事所招致的。如果能在世间多做善事,必定会有福报;多做恶事,也必定会有恶报。这种祸福报应就像是人身上的影子一样,始终跟着人寸步不离。

同时,道家还提出了"承负说"。它将善恶报应与血缘关系相联系,认为个人的善恶行为不仅会对自己产生影响,而且会造福或者殃及后代,而今生的祸福也包含了先人行为的结果。道家将善恶承负的范围扩展为"承负前五代,流及后五代"。如果先人做了善事,人行恶还可以得善,但是恶行会殃子孙后代;而如果先人做了恶事,人行善还是会得恶,这是无法避免的,但是善行却会造福子孙后代。因此,"承负说"为人们行善积德、免除

---

① 汤漳平、王朝华《道德经》,中华书局2021年版,第297页。
② 陈鼓应《庄子今注今释》,商务印书馆2007年版,第124页。
③ 释净空《太上感应篇讲记》,线装书局2010年版,第1~2页。

余孽指明了方向,即如果自己能行大善,那么就可避免祖先余殃,并为子孙后代造福;如果从恶不改,将受到严重的惩罚并祸及子孙。这种思想在以血缘关系为纽带的中国社会,对于惩恶扬善有其独特的意义,它不仅使道家信众抑制恶念恶行、力行善行义举,而且极大推动了社会中大多数成员周穷救急的慈善活动。

概言之,道家文化中"济世利人"的行善思想,是中华慈善思想宝库中的重要内容,它教化了一代又一代人,也成为微尘弘扬世间大爱的宝贵精神来源。

三、佛教文化是微尘现象兴起的又一重要文化渊源

青岛地区文化也受到了佛教的影响,以东晋高僧法显崂山登陆为标志,青岛与佛教结缘,崂山从此成为青岛佛教中心。相传,法海寺创于魏,慧炬院建于隋朝,海印寺为明末憨山大师所建,崂山中唯一寺院华严寺为明崇祯年间所建,湛山寺为民国所建。1929年青岛有佛学研究社兴起。[①] 佛教传入青岛之后,受中国传统伦理思想尤其是青岛地区儒家思想的影响,在其发展过程中逐渐实现了佛教的本土化,形成了劝善化俗、止恶从善的佛教伦理思想。佛教劝人向善,具有相当大的影响力,是青岛公益慈善事业发展的重要思想渊源。学术界对佛教的慈善思想有较多研究,在此只作简要叙述。

佛教认为行善,就是要发善心,行善事,通过实际行为来利益众生。佛教还认为有因必有果,有果必有因。这种思想与中国古有的"积善之家,必有余庆;积不善之家,必有余殃"相合[②],使得善恶果报思想理论更加丰富。因果轮回说唤醒了人们的道

---

① 蔡勤禹、张家惠《青岛慈善史》,中国社会科学出版社2014年版,第5页。

② 刘彬《〈易经〉校释译论》,山东人民出版社2019年版,第42页。

德自觉和道德自律,使人们做事时会考虑前因后果,从而弃恶扬善,积极行善。青岛民间流传一句谚语:"要消除烦恼就是'慧',能付出爱心就是'福'。"微尘·福慧基金就是这一慈善思想的鲜明写照。

四、微尘现象兴起的民间信仰溯源

微尘现象的兴起浸润于中国优秀的传统文化,又扎根于青岛浓厚的民间信仰和文化。一般而言,民间信仰是指社会生活中人们创造的,从祖先、历史、自然等方面汲取的信念、观念和行为实践。它是传统文化的重要组成部分,是与百姓日常生活密切相关的信仰习俗。民间信仰宣扬"济世利他""众善奉行、诸恶莫作""侠肝义胆""扶危济困"等,能够通过惯例、习俗等形式潜移默化地影响人们的心理习惯和日常行为。

民间信仰更能体现青岛地域特色,容易被普通百姓所理解和接受,因此具有较强的世俗教化性。青岛胡三太爷信仰最为出名。相传胡三太爷原名胡峄阳(约 1639—1718),号云屿处士,青岛城阳人。胡峄阳约生于明崇祯十二年,少年时就读于洼里·慧炬院。清顺治十年(1653),他应童子试时,守门人强令其解衣搜身,他怒不受辱,拂袖而去,发誓终生不应试,后来设馆授徒为生。胡峄阳在世时帮穷扶贫、济世救人、扶正祛邪、劝人向善、扬善惩恶、义感生灵、诲人不倦等,为当地老百姓做了许多善事,被人们所敬仰。随着社会的发展,胡三太爷信仰已成为人们根深蒂固的文化信念。

民间信仰追求的惩恶扬善功能更易为追求现实需求的百姓所信奉。民间信仰是中华传统文化的重要组成部分,与广大百姓的生活息息相关。这些信仰本身就代表了人们对于善的追求和敬畏,正是因为这些敬畏之心,督促他们行善去恶、扶危济贫,在一定程度上对个人修养以及社会慈善组织的兴起发挥了积极作用。

如果说齐鲁文化以及儒释道文化是微尘现象兴起的主要渊源，那么正是在民间信仰的影响下，普通民众积极加入微尘，使得微尘更加深入人心。

（郑昱潇）

微尘兴起的外来文化影响

　　青岛在 1898 年开埠通商,作为自由港向世界各国开放,青岛也从一个小渔村迅速发展成了近代新兴城市。青岛大门打开后,成为接受外来文化影响最大的沿海城市之一,如城市建筑带有西方艺术风格,先进的科技文化促进了青岛近代城市经济的发展。其中,外来公益慈善文化传入,推动了青岛公益慈善事业的发展。

一、外来公益慈善文化的进入

　　青岛开埠后,外来的一些思想观念传入,比如红十字会的博爱精神以及其他公益慈善思想传入青岛,促进了青岛公益理念等慈善思想的发展。

　　"人道"是红十字文化的核心价值观,具体体现为生命至上和生命平等。"博爱"是红十字文化内核,表现为爱无等差和弱者优先。"奉献"是红十字文化的行动指南,具体表现为专业志愿和救护救援。红十字会的精神随着青岛红十字会的建立而传入岛城。

　　1914 年 8 月,日德青岛之战爆发。吕海寰召集青岛商绅宗教界人士,组成了中国红十字会青岛分会,分会由德国传教士卫礼贤(Richard Wilhelm,1873—1930)任会长①,会址设在了礼贤

---

　　①　卫礼贤(1873—1930),德国著名汉学家,1899 年受德国教会同善会派遣来到青岛传教,期间将《论语》《老子》《列子》《庄子》《孟子》《易经》《吕氏春秋》等中国典籍翻译到德国。1920 年夏,随着青岛被日本占领,卫礼贤离开中国回到德国。1922 年再次来到中国,任德国驻华使馆文化顾问,并担任北京大学德语系教授。1925 年回到德国,任法兰克福大学汉学教授。著有《中国文明简史》《实用中国常识》《中国心灵》《中国的经济心理》等。见孙立新、蒋锐主编《东西方之间——中外学者论卫礼贤》,山东大学出版社 2004 年版,第 35～51 页。

书院。另外,将同善会医院和礼贤书院西偏房作为养伤疗病所,淑范女学堂作为妇女避难所。卫礼贤在《青岛的故人们》中写道:"战争爆发了。建筑经历了炮击,不过未受损伤。战争期间,有数百名德国妇女和儿童躲避青岛,图书室似乎成了德国人社团的起居室。"①成立初期的青岛红十字会管理人员很少,卫礼贤继续写道:"那些日子像梦魇一样,终于过去了。我的朋友只有一些留了下来。曾始终和我站在一起的恭亲王(溥伟)和高天元帮助我管理红十字会,经管中国学校。"②中国红十字会青岛分会的出现弥补了青岛红十字会历史的空白,使红十字的旗帜第一次在青岛飘扬,以博爱为核心的国际人道主义精神开始在青岛传播。

1922年12月,青岛从日本人手中收回后,开始由中国人独立建立红十字会,此后由左雨农、李涵清、宋雨亭、程伯良等先后负责青岛红十字会,"博爱、恤兵、救灾、赈饥"是民国时期青岛红十字会的立会宗旨,博爱精神在历次人道主义行动中展现出来,从而将这种精神进一步在青岛市民中传播开来。

新中国成立后特别是改革开放以来,青岛市红十字会与中国香港、澳门、台湾和韩国等红十字会建立经常性联系,将博爱精神在交流中进一步深化。比如,2007年青岛红十字中韩医疗团(图4-1)成立,相继开展了资助先天性心脏病儿童手术费用、捐助自闭症儿童等爱心活动。医疗团团长为韩国人李永南,由他担任会长的韩中亲善协会中国支会③,从团队成立后经常开

① 〔德〕卫礼贤《青岛的故人们》,王宇洁、罗敏、朱晋平译,国际文化出版公司2005年版,第121页。

② 〔德〕卫礼贤《青岛的故人们》,王宇洁、罗敏、朱晋平译,国际文化出版公司2005年版,第138页。

③ 青岛市红十字会官网《七旬韩国企业家被授予荣誉市民 建中韩医疗团》,2016年1月5日。

展义诊活动。这种"奉献无国界、爱心连五洲"的国际人道主义精神,连接了青岛与其他国家有关慈善事业的国际性交流,加快了青岛与其他国家红十字博爱事业的国际性接轨。

图 4-1　青岛红十字中韩医疗团

青岛市红十字会成为青岛历史上延续上百年而未中断的人道主义救助团体,博爱精神伴随着组织的发展而发扬光大,成为青岛这座充满爱心城市的一个见证。

二、外来型慈善活动的影响

德国占领青岛后,企图将青岛建设成一个展示、传播德国文化的中心和"向中国大规模传播德国精神"的基地。他们一方面培养喜爱德意志文化、熟悉德国工业产品的人才;另一方面扶植政治上和思想意识上亲近德国的中国未来一代领导层,从而"促进德国本身的经济利益"[1]。

德国人卫礼贤在中国"没有劝说任何中国人皈依基督教"[2],

---

① 青岛市档案馆编《青岛开埠十七年——〈胶澳发展备忘录〉全译》,中国档案出版社 2007 年版,第 719 页。

② 孙立新、蒋锐主编《东西方之间——中外学者论卫礼贤》,山东大学出版社 2004 年版,第 27 页。

而是致力于办学和中西文化交流事业,是一位著名的汉学家。1897 年,花之安创办德文书院,培养小学师资。花之安去世后由卫礼贤接办,1901 年更名为"礼贤书院",逐渐发展为一所中学。学校由卫礼贤任监督,聘中国人周书训为总教习。该校师资水平高,数、理、化老师都是"文登会馆"的毕业生,教国文的老师则是举人或者进士出身,教德语和德国历史的老师是德国大学的毕业生。因此,该校在整个山东省都享有很高的声誉。1904 年,同善会又创办了以卫礼贤夫人命名的"美懿书院",后来改称"淑范女学堂",开青岛地区女子上学的先河,就学人数是当时青岛同类学校中最多的。① 至 1911 年,外国人在青岛兴办了至少 25 所中小学校。② 这些学校为青岛植入了新的教育方式,传播了西方的科技文化,造就了一批新式知识群体,对于加快青岛人才培养方式和培养内容的变革,是一股强大的推动力。

另外,德国人创办新式医院,除了在华开展慈善医疗、施医赠药外,还开展一些其他慈善活动,开办期间就曾经做过很多社会服务工作,包括防疫工作、救灾工作等。另外,医院还翻译西医西药书籍,介绍西医知识,开办护士学校,而且学生在校期间学习、生活和医疗费用全部由教会提供,这些都为中国西医西药知识的发展提供了契机。在近代青岛医疗卫生事业落后时期,医院还联合红十字会等慈善机构共同举行了多次防疫义诊和施药工作,推进了青岛公益慈善事业的发展。

三、国际狮子会进入青岛

青岛作为近代发展最快的城市之一,一些国际慈善组织进入青岛并建立分会,成为这个时期青岛慈善事业发展的一个突

① 袁荣叟纂《胶澳志》,胶澳商埠局 1928 年版。
② 青岛市档案馆编《帝国主义与胶海关》,档案出版社 1986 年版,第 137 页。

出特点。国际狮子会就是较早进入青岛的国际慈善组织之一。

　　国际狮子会于 1917 年在美国创建,以"我们服务"为口号,以"向社会提供各种服务,向需要帮助的人提供援助,增进友谊,维护和平,不涉及政治、宗教、国界和种族"为宗旨,大力开展慈善事业,救助活动涵盖医疗卫生、助老护老和减灾扶贫等。1927年,青岛狮子会分会创办,由中外人士共同组织。在慈善医疗方面,青岛狮子会设有眼科治疗所,由外国眼科医生免费为病人治疗眼疾,主要捐助青岛的盲童学校,这不仅助力了青岛的医疗行业,而且对青岛的教育行业也起到了促进作用。此外,狮子会会员以外籍人士居多,会员经常利用星期日举办讲演会,内容有世界各国介绍、文化科学知识等,这也增强了与西方慈善事业的交流与借鉴。后因战乱,青岛狮子会约在 1941 年停办,其在青岛的 20 多年是青岛慈善历史的组成部分。

　　2009 年,中国狮子联会青岛分区重新成立,成立后的青岛狮子会在捐赠救助方面仍然做了大量工作。2020 年在新冠肺炎疫情防控的关键阶段,中国狮子联会青岛代表处 5 支服务队分别带着生活物资及抗疫物资为青岛西海岸新区残联下设的 6 家安养机构送去了关爱。安养机构有 200 余名重度残障人士,不能回家的安养人员要在安养院度过,消毒液、口罩等防护用品供不应求。"狮友"得知情况后,第一时间筹备防护物资送至安养院,并送去了米、面、油等生活物资,服务经费共计 3 万余元。在这个不能握手、不能拥抱的特殊时期,"狮爱"依旧可以温暖人心。

　　总之,青岛自近代开埠以来,受到外来公益慈善文化的影响,不仅推动了青岛公益慈善事业的近代化进程,而且在社会上营造出浓厚的公益慈善氛围,提升了人们的社会责任感。

（韦奉丹）

微尘兴起的城市文化渊源

"微尘"作为一个公益符号,不仅是青岛城市文化的重要组成部分,也是城市文化和公益慈善事业之间互动关系的体现。青岛慈孝尚善、开放包容、博大博爱的城市文化,孕育和培养了微尘,使微尘在青岛这片沃土上蓬勃发展。

一、慈孝尚善与开放包容的城市文化

近代以来,特殊的历史境遇造就了青岛独特的城市发展走向和近代化进程。与近代化进程相似,青岛的公益慈善事业也具有独特性和代表性,这造就了其独特的城市慈善文化,是一笔宝贵的文化遗产。①

(一)传统文化延续

青岛地处齐鲁之地,自古为儒家隆盛之区。青岛地区的慈孝之风是儒家文化长期熏陶的结果。青岛古代儒学盛行于两汉,繁荣于明清,渊源深厚,因此在儒家文化长期潜移默化的影响下,人们会自觉按照儒家伦理来规范自己的行为。青岛微尘基金会传承优秀传统文化,弘扬慈孝之风。正是秉承着这种传统文化精神,致力于传承和弘扬慈孝之风,微尘基金会不仅关注贫困弱势群体的生活,更注重弘扬慈孝精神,鼓励人们互助互爱,传承中华传统美德。

在"微尘"第一人出现后,"微尘"从个体名字变成了集体称呼。在青岛的大街小巷,以"微尘"命名的募捐箱到处可见,人们

---

① 张曈《青岛市普及慈善文化刍议》,《青岛职业技术学院学报》2015 年第 3 期,第 12～15 页。

穿戴着微尘徽章,向着微尘所展示的爱心之路迈进,愈发感受到社会温暖和爱心的传递。微尘的故事传遍了整个岛城,甚至延伸到了全国各地。其所代表的爱心精神已经深深扎根于市民心中,成为人们共同追求的目标和信仰。微尘不是一个孤立的英雄,而是一个充满爱心、慈善之举的象征,激发着人们内心最纯真的感情,唤醒着人们对美好社会的向往。

随着爱心和正能量的不断传播,青岛市民开始积极参与各种公益活动,无私奉献,传递着微尘所倡导的爱的力量。微尘基金会成为公众参与公益慈善事业的平台,引领着人们秉承优秀传统文化,弘扬慈孝之风。

(二)中西文化融合

青岛文化不仅具有历史的厚度,还拥有思想的广度。在近现代,青岛经历了多次战乱,但同时青岛也经历了"传统"与"海派"文化的碰撞。[①] 经过 20 世纪二三十年代文化大师的汇聚,青岛这座城市不仅在文化上获得了极大的繁荣,也在精神上迎来了一次空前的飞跃。这种开放的氛围,让青岛这座城市成为一个汇聚思想和创新的乐园。

在这个独特的时期,青岛的街头巷尾常常可以听到文人雅士们才思敏捷的讨论声。他们从四面八方汇聚在这里,交流思想,碰撞火花,让青岛这座城市成为一个启迪灵感的圣地。正是在这种开放的氛围中,青岛形成了独具特色的城市文化。这种文化既秉承了传统,又敢于创新,让青岛在中国文化的长河中熠熠生辉。无论是语言、啤酒还是建筑方面,青岛都有着独特的表现形式,展现出了与众不同的魅力。一个世纪以来,欧式与中式在建筑、文化、艺术领域的交流与共融,共同塑就了青岛独特的

---

① 董兰国、刘孔莉、李佳敏《文化自信视角下的青岛城市文化建设》,《青岛科技大学学报》(社会科学版)2021 年第 3 期,第 18~21 页。

城市风貌和人文景观。德国与青岛的对话与融合，已经成为厚重的历史，永远镌刻在城市基座上。在志愿文化方面，志愿文化概念虽然是西方文化中的舶来品，然而其核心精神"奉献、友爱、互助、进步"与中国传统文化中所蕴含的"仁爱""兼爱""行善""布施"等理念相互呼应。"西方传统文化中与志愿精神有渊源的有益成分，其相关的伦理规范、宗教信仰、慈善公益的人文气质所体现的以人道主义精神为核心价值，以'利他主义'为主要行为原则，以实现社会的普遍幸福为主要目标的'人文公益'成为支撑当时乃至现今志愿精神和慈善公益的价值内核。"①

青岛作为一个中西文化融合比较明显的城市，体现在青岛城市文化的诸多方面，其中青岛公益慈善文化就受到了中西文化融合的影响。外来公益慈善理念与本土的慈善文化相互融合与成长，留下了历史积淀，对青岛慈善的发展产生了深远的影响。

慈善作为基督教的一贯精神和传统，今天在教会医疗事业、育婴慈幼事业、慈善救济事业等方面都作出重要贡献。2020 年1 月 30 日，青岛市基督教两会发布了《为抗击新冠肺炎疫情奉献的倡议书》，掀起了一股爱心助力抗疫的热潮。在这场全民"战疫"中，爱心不分信仰，只要心怀善念，每个人都可以为战胜疫情贡献自己的一份力量。青岛市基督教两会第一时间通过青岛市红十字会捐款 10 万元，展现出了团结一心、共克时艰的坚定决心。各区市基督教三自爱国运动委员会也纷纷响应号召，通过红十字会、社区等渠道积极捐款捐物，这一波"爱心接力"持续不断地传递着温暖与希望。

(三)本土文化的绵长

在本土文化中，道教文化在青岛历史悠久，最具特色。进入

---

① 颜睿《志愿精神的文化渊源与现代价值》，《思想教育研究》2013 年第 15 期，第 44～49 页。

当代社会,青岛市道教展现出新的形象。青岛市道教协会1989年6月恢复成立,他们秉承着"齐同慈爱、济世利人"的优良传统,积极投入赈灾活动中,用实际行动践行信仰。2023年12月,甘肃临夏州积石山县发生6.2级地震,造成重大人员伤亡和财产损失。青岛市道教界积极响应中国道教协会的倡议,发扬道教"齐同慈爱、济世利人"的优良传统,立即行动起来,组织道众信众捐款捐物,帮助灾区人民渡过难关,重建家园。慈爱济世,传播正能量,青岛市道教界以他们的善举感动更多人,激励更多人,让爱心之光照亮城市的每一个角落。

青岛多元共融的文化促进了青岛公益活动的丰富和发展,形成了积极向上的公益慈善文化。

二、博大博爱的城市文化

青岛以大海的胸怀容纳八方人才,以博爱融入城市的文化之中,使城市成为具有爱心的美丽城市。

在青岛这座城市中,人们习惯于互助、乐善。无论是在孤寡老人的陪伴中,还是在留守儿童的助学中,青岛市民都展现出了高度的社会责任感和爱心。每当有灾情发生,青岛社会各界纷纷伸出援手,各地慈善组织和专业救援队迅速行动起来,志愿者们不畏惧困难,他们怀着对生命的敬畏和对人类命运的担当,义无反顾地奔赴灾区,为受灾群众提供力所能及的援助,让他们感受到社会的温暖和关爱。比如2022年夏天河北遭受水灾,微尘·唯美良子助老志愿服务队接龙捐赠,用实际行动展现了博爱无疆的理念。他们筹集急需物资,如水、饼干、牛奶,为河北防汛救灾贡献力量。微尘·唯美良子助老志愿服务队只是青岛众多服务队中的一个,还有成千上万的志愿者用自己的实际行动诠释了什么叫作"爱",他们用爱心和奉献点亮了灾区的夜空,让每一个受灾的人都感受到了社会的温暖和关怀（图 4-2）。

图 4-2　微尘·唯美良子助老志愿服务队为敬老院或社区的老人理发

在这个充满挑战和机遇的时代，博爱显得尤为珍贵。2007年 10 月，微尘车友会的成立和发展是一个典型例子。微尘车友会成立之初，便得到了广大企业和汽车 4S 店的大力支持和参与。青岛市近 20 家汽车 4S 店积极参与车友会的活动，他们不仅自己慷慨解囊，还在店内设置了捐款箱，号召购车顾客一起参与微尘基金会的先天性心脏病儿童救助项目。他们的行动不仅挽救了一条条生命，也给了先天性心脏病孩子一个健康的未来。除了红十字会的公益项目之外，他们还积极参与公益义诊、环保公益等活动，以行动诠释了青岛这座城市的博爱精神。

青岛开放、多元的城市文化使青岛公益慈善文化丰富多彩，孝慈博爱和开放包容的城市品格使青岛公益慈善深深融入城市的血脉中。"微尘"像星星之火，在照亮别人的同时，也点燃众人爱心，汇聚成从善如流的力量，将善传递到千家万户。

（孙晓琪）

青岛市红十字会对微尘兴起的作用

青岛市红十字会作为一个有 110 年历史的人道主义救助组织,在历史上书写了青岛人道主义光辉篇章,在新时期继续弘扬"人道、博爱、奉献"的人道主义精神,孕育了许多著名项目和品牌,其中"微尘"就是红十字会发现、培育和成长起来的一个全国著名公益品牌。

一、青岛市红十字会发现和培育微尘

青岛市红十字会与"微尘"有密不可分的关系,可以说,没有青岛市红十字会,就没有"微尘"。2004 年,青岛市红十字会与青岛市媒体开展了寻找"微尘"、讨论"微尘"的现象以及宣传"微尘"的事迹等活动。这些举措迅速成为新闻热点,引起了广大市民的关注。在这一过程中,机关干部、普通市民、大学生以及中小学生纷纷伸出援助之手,受到"微尘"行为的鼓舞。很多市民以"微尘"为榜样,以"微尘"的名义进行捐款,使得爱心群体快速壮大(图 4-3)。通过与宣传部门及媒体紧密合作,青岛市红十字会成功地将"微尘"行为打造成一个典型案例,引发了社会的广泛共鸣。

通过对发现"微尘"的过程进行简述,可以看到青岛市红十字会敏锐地抓住亮点,使"微尘"从无名的捐赠人,成为家喻户晓的公益品牌。青岛市红十字会对"微尘"进行了一系列品牌化运作,组织提炼微尘精神,物化微尘精神符号,出版了《微尘》杂志,举办了"微尘与人道"论坛等,连续 8 年开展"微尘公益之星"评选活动,不断提升微尘精神的文化影响力和道德感召力。"微尘"

图 4-3　化名"微尘"的捐赠发票

先后被写入青岛市委党代会工作报告和政府工作报告,获得山东省善行义举"四德"榜先进群体、第二届"全国十大社会公益之星""中华慈善奖""感动中国"2006 年度人物等荣誉。①

青岛市红十字会全力培育打造微尘公益品牌的经验有以下三点:第一,开展寻找"微尘"、讨论微尘现象、宣传微尘事迹等活动;第二,开展征集微尘标识、推出微尘项目、义卖微尘徽章等活动;第三,抓住"微尘"参评"全国十大社会公益之星"的机遇,推动"微尘"走向全国。

二、青岛市红十字会培养微尘成长

"微尘"的成功并不是偶然的,它的背后离不开青岛市红十字会的不懈努力和不断探索。青岛市红十字会在多个方面为其

① 中国红十字会:"实施微尘品牌发展战略　推动青岛红十字事业实现高质量发展",2018 年 9 月 17 日。

提供了有力的支持和帮助,使微尘从默默无名变为人人皆知的公益品牌。

(一)青岛市红十字会为微尘提供精神指导

青岛市红十字会的宗旨和活动核心是基于人道主义原则,旨在无歧视地为所有需要帮助的人提供援助。微尘不仅是一个品牌和一个组织,更是一种公益精神和人道主义的传承与弘扬。这种公益精神是一种人文关怀,是一种文化传承,更是一种广泛的人道主义原则。

青岛市红十字会遵循人道主义原则,致力于培育"微尘"。在市民的广泛参与下,微尘精神已成为岛城公益事业的一种象征和符号。为了进一步提升微尘精神的知名度和影响力,青岛市红十字会开展了"微尘见真情,博爱遍城""微尘你我他,爱心大行动"等主题系列活动。通过这些活动,引导广大市民参与青岛市红十字会的公益活动,激发广大市民奉献爱心的热情。在广大市民与红十字会真情互动的过程中,学习微尘精神逐步成为市民主动参与公益的自觉行动和价值追求。微尘精神将在广大市民的支持下不断壮大,为岛城公益事业提供更大的动力和支持。

(二)青岛市红十字会为微尘提供组织帮助

2008 年,在青岛市红十字会的倡导和支持下,10 余位岛城爱心企业家共同发起成立了青岛市红十字微尘基金。① 微尘基金的成立,为自身发展搭建了更好的平台。基金成立后,快速成长,不断发展壮大,社会影响力与日俱增。青岛市红十字会拥有良好的社会声望和广泛的社会联系网络,通过与政府、企业、媒体等各方面的合作,为微尘基金提供了广泛的社会资源支持。

---

① 《红十字微尘基金十年救助十万人》,青岛新闻网,2018 年 7 月 10 日。

这些资源包括人力资源、物资资源、信息资源等,为微尘基金的项目规划、资金筹措等方面提供了强有力的支持。如 2005 年青岛市红十字会成功举办微尘徽章义卖活动,筹集了 20 万元善款用于公益项目,并通过徽章传播进一步弘扬了微尘精神。还有青岛市红十字会于 2006 年初设立微尘募捐箱,当年筹得 8 万元用于救助先天性心脏病贫困儿童。①

此外,为了持续扩大微尘的影响力,青岛市红十字会定期举办微尘宣传推介活动,这些举措不仅提升了其公众认知度,吸引了更多人参与公益行动,还丰富了微尘品牌的文化内涵,使其成为青岛城市文化的重要代表。

(三)青岛市红十字会为微尘提供管理经验

青岛市红十字会在长期的历史发展过程中,在管理方面积累了宝贵的经验,这些经验使得他们能够更有效地履行慈善使命,为社会作出更大的贡献。

青岛市红十字会建立了高效的组织架构和管理体系。首先,他们设立了专业的部门,确保各部门之间的协调合作,提高工作效率。同时,他们注重制定明确的工作流程和规范,使得工作任务清晰明确,员工责任明确。其次,青岛市红十字会注重人才培养和团队建设。他们通过定期培训和专业技能提升计划,不断提升员工的专业水平和服务意识。再次,他们鼓励员工团队合作,营造积极向上的工作氛围,激发团队凝聚力和创造力。从次,青岛市红十字会倡导透明和规范的财务管理。他们建立了完善的财务管理制度,确保捐赠资金的合理使用和公开透明,增强社会的信任和支持。同时,他们定期公布财务报表和捐赠使用情况,接受社会监督,确保资金使用的合法合规。最后,青

---

① 青岛市档案馆藏《微尘募捐救助先天性心脏病儿童》,全宗号 C53,目录号 6,光盘号 1529。

岛市红十字会注重与社会各界的合作。他们与政府部门、企业和其他公益机构建立了紧密的合作关系,共同推动社会公益事业的发展。通过合作,他们能够充分利用资源优势,实现互利共赢,推动慈善事业的持续发展。这些经验使得青岛市红十字会能够更好地履行其使命,为社会作出更大的贡献。

在微尘的发展过程中,青岛市红十字会一直是坚定的支持者和合作伙伴,红十字会积极参与微尘的运作和管理,促进微尘基金会的顺利发展。与此同时,通过微尘项目的实施和推广,又进一步扩大了红十字会在社会中的影响力。

三、微尘"反哺"青岛市红十字会使之提高知名度

青岛市红十字会发现和培育了微尘,微尘又对青岛市红十字会起到"反哺"作用,使青岛市红十字会的名声和美誉度获得极大提升,"人道""博爱""奉献"的红十字精神得到进一步弘扬和发展。

(一)微尘扩大了青岛市红十字会的影响

微尘基金会在品牌推广和提供支持方面发挥了十分重要的作用。自成立以来,基金会始终致力于精心打造和宣传"微尘"这一品牌,通过一系列富有创意和感染力的活动,将微尘品牌与青岛市红十字会紧密地联系在一起,使其成为红十字会公益事业的闪亮代表之一。

在品牌推广方面,首先,企业+公益合作拓展社会宣传。通过联合使用、许可使用和冠名使用等方式,实现品牌共赢,这种双赢模式,提升了企业和产品的知名度,成为岛城企业践行社会责任、奉献爱心的常态选择。同时,提升了微尘品牌知名度和感召力,企业捐赠部分利润支持红十字会救助工作。其次,拍摄电影《寻找微尘》,创新文化传播。为进一步宣传微尘事迹,倡导人

们深入学习实践微尘精神,在全社会弘扬中华民族传统美德和社会主义核心价值观,青岛市红十字会拍摄了电影《寻找微尘》(图 4-4)。最后,微尘品牌＋明星凝聚社会公益力量。微尘品牌与明星携手,通过公益活动、筹款、义卖等方式,凝聚社会公益力量,推动了青岛市红十字事业的发展,增强了社会对红十字会的认可度,进而吸引更多的人参与红十字会的活动。

图 4-4　电影《寻找微尘》新闻发布会

　　在提供支持方面,微尘基金会通过与青岛市红十字会的合作,为其提供了强大的支持。基金会积极参与红十字会的项目策划、资源整合和资金支持,为红十字会的各项工作提供了有力的保障。这种合作模式使得红十字会能够更好地发挥自身的职能和作用,将公益事业不断推向新的高度。微尘基金会对青岛市红十字会的影响是多方面的,从支持和资源到品牌推广和成功案例,再到公益精神的传递和社会影响力的提升,微尘基金会为青岛市红十字会的发展作出了重要贡献。这种积极影响将进一步促进红十字会根深叶茂,为社会公益事业的推动和发展作出更大的贡献。

(二)双向互动推动青岛公益慈善事业发展

青岛市红十字会与微尘基金会之间的双向互动既是一种合作关系,又是一种伙伴关系。通过密切的合作与互动,双方能够充分发挥各自的优势和资源,共同努力实现社会公益事业目标。

青岛市红十字会作为一家专业的人道主义救助组织,在"三救""三献"方面具有丰富的经验和专业知识。而微尘基金会则在公益项目的策划、宣传和资金支持方面有着独特的优势。双方可以通过充分的交流和合作,将各自的专业能力和资源进行整合,共同开展更多、更有影响力的慈善项目。

微尘基金会通过与红十字会的互动和合作,传递了公益精神和价值观念,进一步弘扬了社会正能量。微尘基金会倡导微尘精神,打造微尘品牌,点滴爱心累积成伟大事业,与红十字会一贯追求的公益使命不谋而合。这种共同的价值观念和目标的传递,激励着更多人参与公益事业,形成了良好的社会氛围和风尚。

双方的双向互动可以促进青岛公益慈善事业的创新与发展。通过共同探讨和交流,青岛市红十字会和微尘基金会可以汇集各自的智慧和创意,寻找新的公益领域和项目。例如,可以共同开展环保公益活动,促进青岛市民的环保意识和行动,为环境保护作出贡献。也可以共同开展教育公益项目,关注贫困地区的教育问题,为贫困学生提供更多的教育资源和支持。

青岛市红十字会与微尘基金会的双向互动还可以为青岛公益慈善事业的发展提供更多的合作机会和资源支持。通过合作,双方可以互相借鉴和学习,提高自身的管理和运作水平。同时,双方还可以互相引荐和推荐,为青岛公益慈善事业引进更多的合作伙伴和资源。

青岛市红十字会与微尘基金会之间的双向互动是一种积极的合作关系,通过共同推动青岛公益慈善事业的发展,为社会的进步和发展作出更大的贡献。

总之,青岛市红十字会作为一个有百余年历史的人道主义组织,其广泛的社会影响力和丰富的资源,为微尘的诞生起到了不可替代的作用。青岛市红十字会的博爱精神成为微尘的精神内核,微尘知名度的扩大也为青岛市红十字会提高美誉度提供了支持,二者的双向互动促进了彼此的发展和壮大,共同推动了青岛地区公益事业的发展。

(石学芳)

展望篇

数字技术赋能微尘传播

传播是指人们借助一定传播工具使信息流动的过程,传播工具的变革带来了传播格局的演进。从人类产生开始,人类传播经历了口耳时代、印刷时代、电子传播时代。20 世纪 80 年代以来,互联网、人工智能、大数据、云计算等数字技术获得突飞猛进的发展,推动人类社会进入互联网时代,并经历了从 Web1.0 的门户网站时代,到 Web2.0 社交网络,再到 Web3.0 的人工智能时代。数字技术的发展深刻影响了人们的社会生产方式,为各行业带来颠覆性的变革,公益领域也不例外。互联网的发展推动了互联网公益的产生并改变了公益传播格局,推动公益组织在募捐方式、公益形式、传播平台等方面有了新特征,提升了公益传播效果。数字技术对公益组织既是机遇又是挑战,如何充分利用数字技术,如何应对数字时代的挑战,是当前微尘基金会等公益组织应该思考的重要问题。

一、数字技术赋能公益传播

数字时代微尘基金会积极利用现有技术为"微尘"传播赋能,以期更好地发挥其公益价值与社会影响力。

(一)公益活动场景化

在数字技术日新月异的时代,借助数字技术迭代发展的优势,数字公益慈善增添无限的"新意",数字公益不再是简单地捐款捐物,而是不断涌现出符合时代需求的新模式、新方式。数字技术的应用不仅带来公益产品的创新,例如手机地震系统、给听障者的语言转换 APP,也提供了全新的公益服务、公益体验,使公益活动更加具有吸引力。

传统的公益慈善活动主要依赖于款物捐赠的形式,即捐赠者通过直接捐款或捐赠物资来支持慈善事业。这种方式虽然直接有效,但相对单一,且参与度和互动性有限。数字技术的兴起打破了这一传统模式,使公益慈善活动更加场景化、创意化、多元化、轻量化。随着互联网技术的发展,捐款和捐实物不再成为公益活动的唯一形式,网民可以通过更有趣、更便捷、门槛更低的新形式奉献爱心。为此,互联网企业结合自身产品特点推出更具吸引力的场景化公益,例如2015年9月9日腾讯推出的"微信捐步",就是把社交、运动和公益相结合的典型。此外还有阿里巴巴的"蚂蚁森林"、百度的"AI寻人"等活动,这些活动丰富了数字公益的实践样态,彰显了企业家的责任担当,提升了社会温情。

"99公益日"是由腾讯公益联合数百家公益组织、知名企业、明星名人、顶级创意传播机构共同发起的一年一度全民公益活动,旨在利用移动互联网化、社交化等创新手段,用轻松互动的形式,发动全国数亿热爱公益的网民通过小额现金捐赠、步数捐赠、声音捐赠等行为,以轻量、便捷、快乐的方式参与公益。自2015年腾讯公益发起"99公益日"以来,微尘基金会连续9年参与活动,并不断创新捐赠形式,向微尘家人、爱心企业、自媒体、爱心团体发出邀请,激励更多的人参与公益事业,发动爱心人士"一起捐"让"爱加倍"。数字技术的应用使得公益活动更加便捷、高效,降低了公益活动的参与门槛,并且融入了更多的创意和元素,让公益变得更加有趣和生动,提高了公众的参与度和互动性。

(二)传播平台多元化

数字技术的产生催生了手机媒体、数字电视、互联网新媒体、户外新媒体等各种新媒体形式,为传播领域带来了颠覆性的变革。在新媒体时代,互联网技术快速发展,众多的公益项目以"裂变"的方式进行传播,微博与微信的运用,线上与线下的结合,在虚拟与现实之间影响着受众参与其中,并推动了公益事业的发展。①

媒体时代碎片化信息渗透到各个角落,微尘在互联网时代积极拥抱新媒体平台,实现了传播渠道重心从传统媒体到新媒体的转变。微尘品牌创立初期为提升微尘精神的文化影响力和道德感召力,主要通过纸质媒体助力品牌传播。随着互联网的广泛应用,新媒体和自媒体时代到来,公益传播不再单一依靠纸媒,微尘的传播平台也从传统线下媒体逐渐向新媒体平台转移。微尘基金会在微信、微博、抖音等主流社交软件上设置账号宣传公益活动,报道爱心事件,充分利用网络平台扩大品牌影响力,塑造公益组织的品牌形象,传递组织的价值观和文化,增强公众对组织的认同感。

内容与技术是媒体深度融合过程中的"双轮驱动",数字技术是为传播赋能,而内容的打造才是根本。2024 年是中国红十字会创会 120 周年和青岛市红十字会成立 110 周年,也是寻找微尘 20 周年,青岛市红十字会、微尘基金会联合社会各界共同发起了"寻找微尘 20 年大型全媒体访谈""第九届微尘公益之星"宣传推介等活动。《青岛早报》派出全媒体采访团队,深入寻找 20 年来和"微尘"有着密切关系的人,采用文字、图片和视频等方式,记录和"微尘"有关的故事,诠释微尘精神和城市大爱。

微尘基金会不仅积极运用数字技术赋能微尘传播,还重视对微尘精神的挖掘,以技术赋能内容,让内容与技术共振,以内容生产的高度、深度、温度去感染人,以技术支撑的便捷、灵活、

---

① 周如南《公益传播》,西安交通大学出版社 2019 年版,第 47 页。

精准去服务人,实现宣传效果的最优化。

(三)传播形式多样化

传统的公益传播往往理念先行,不注重形象设计和内容叙事,容易脱离日常生活,给受众造成口号化、教条化的刻板印象。新媒体时代,公益传播不仅注重信息传递的准确性,而且在信息的表达方式上有了改进。过去一张配有标语的图片就是一则公益广告,如今公益传播可以利用视频、动画、微信小程序、微博、社区论坛等多种传播形式,这使公益传播具有更强的吸引力和传播到达率。随着数字技术的深入应用,无人机秀等成为扩大公益宣传的重要形式。

第一,公益电影及短视频的拍摄。公益电影是公益组织扩大宣传的普遍方式,能够通过生动、直观的艺术形式,将公益组织的使命、活动和成果展示给广大观众,传递品牌形象和公益精神。利用数字技术,公益电影的制作和传播变得更加高效和广泛。数字摄影、后期制作和特效技术使得电影制作更加精美,能够更好地传达公益信息;数字发行平台,如在线视频网站和社交媒体,为公益电影的传播提供了更广阔的渠道,扩大了公益信息的覆盖范围。此外,通过互联网平台观众可以分享感受,热烈讨论,提高公益关注度。在 2018 年上海合作组织青岛峰会前期,人民日报社新媒体中心制作推出了青岛城市形象宣传片《青岛一分钟》,宣传片中以"一分钟,传递一颗爱心"的解说再现了青岛"微尘"这样一个爱心群体。在青岛全社会的努力之下,以"微尘"为代表的青岛爱心品牌正在成为一种文化,一个青岛城市文明的象征,并展现在世界面前。

第二,举办公益盛典。举办公益盛典是提升公益组织影响力的重要途径,盛典活动通常具有较大的规模和影响力,能够吸引媒体和公众的广泛关注。自 2008 年青岛市红十字微尘基金成立以来,每年都举办公益盛典。盛典活动中,微尘基金会向参会嘉宾报告过去一年中取得的成绩,还通过现场认捐和爱心拍卖等方式筹集爱心善款,评选"微尘公益之星"。而数字技术在公益盛典的策划、组织和传播中发挥着重要作用。利用数字技术,基金会可以更方便地邀请嘉宾、组织活动和进行宣传。数字直播技术使得公益盛典可以实时传播给全球观众,扩大盛典影响范围。数字技术还可以为公益盛典增加互动元素。例如,观众可以通过在线投票和问卷调查等方式参与活动,使公益盛典更加有趣。

第三,无人机秀等新技术的应用。数字技术产生以来应用于各领域各行业,并产生了新的传播形式,无人机秀便是其中之一。利用无人机编队表演,可以创造出震撼人心的视觉效果,吸引大量观众关注公益议题。2023 年 5 月 8 日,青岛推出大型公益无人机秀《微尘》,观众不仅可以看到夜空中各类震撼的主题画面,还可以扫描无人机组成的巨型二维码了解微尘与青岛这座城市的故事,观看"微尘公益之星"的感人事迹。无人机秀将现代科技与特效技术相结合,打破了传统表演形式的束缚,呈现了一种全新的、独特的表演方式,给观众带来震撼的视觉体验,从而产生更大的传播效应。

二、数字技术赋能微尘传播的价值意蕴

基于数字技术产生发展的互联网是巨大的信息集聚与传播平台。以往公益组织受到地域限制,传播面狭窄,信息传播乏力,如今依托互联网平台的影响力和凝聚力,公益传播效率得到极大提高,受众更加广泛,品牌得以广泛传播,全民公益蔚然成风。

(一)数字技术助力微尘品牌传播

数字技术的应用使社会进入互联网时代,以数字技术为基础的网络传播具有开放、快速、交互性的特点,受众反馈迅速,信息传播便捷高效,为公民提供了相互交流的平台,提高了公民对具有公共意义的社会事件的参与度与关注度。

微尘品牌的诞生基于互联网的辐射力。2005年,青岛市红十字会通过网络平台开展寻找"微尘"的活动,《2005,请你找神秘"微尘"》成为青岛新闻网论坛里最热的帖子,上千名网友点击"神秘人",网友们纷纷留言表达对微尘的敬意和祝福。青岛市红十字会敏锐地发现打造品牌的契机,与新闻媒体合作,《青岛早报》开设"寻找微尘系列栏目"并持续报道,引起普遍的回应,涌现出成千上万的"微尘",微尘品牌应运而生。微尘品牌的标识也是市民通过短信、网络、寄信等形式集社会之力投票产生。此外,借助互联网技术,"微尘"美名传遍全国,"微尘"以网上最高票、评委最高票,被评为2005年"全国十大社会公益之星",在全国的知名度大大提高。互联网的互动性、开放性让一点点"微尘"汇聚成星河,点亮人们心中的灯,照亮受助者现实的路。

互联网平台助力微尘品牌传播。在新媒体时代,互联网技术的快速发展为公益传播搭建了全媒体平台。在信息碎片化的媒体时代,公益组织应发挥新媒体的传播优势,同时利用传统媒体的公信力和影响力,整合全媒体平台进行跨媒介传播。微尘基金会在微信、微博、抖音等主流社交软件上设置账号宣传公益活动,报道爱心事件,充分利用网络平台扩大品牌影响力,塑造公益组织的品牌形象,传递组织的价值观和文化,增强公众对组织的认同感。

(二)数字技术提升微尘传播效率

中国互联网公益一经产生便展现出强大的能量。2008年汶川地震时,壹基金通过"小额公益"筹得5000万善款,成为当时轰动一时的网络募捐行动。2013年雅安地震时,短短10天就完成了超过3亿的捐款,远超传统募捐方式的效率。在数字化时代,公益传播迎来了前所未有的发展机遇。数字技术以其独特的优势,加快了信息传播的速度,提高了传播的精准度和互动性,极大地提升了公益传播的效率,使得公益项目能够更快速、更广泛地触达公众,引起更多人的关注和支持。

一是数字技术提升公益信息传播速度。数字技术的应用使得公益信息可以在瞬间通过互联网传播到全球各地。无论是通过社交媒体、电子邮件、即时通信工具还是专门的公益网站,信息都能迅速地被广大受众接收到。这种即时性极大地缩短了信息传播的时间,使得公益项目能够更快地引起公众的关注和响应。

二是数字技术提升传播互动性。数字技术使得公益传播中的互动和反馈变得更加实时和便捷。通过社交媒体平台的评论区、私信等功能,公众可以即时与公益组织进行沟通和交流,提出自己的建议和看法。公益组织也可以及时回应公众的关切和疑问,增强与公众的互信关系。数字技术还可以实时监测公益项目的进展和效果,为公益组织提供及时的反馈和数据支持,帮助他们更好地调整和优化传播策略。

三是数字技术能够使救助者的情况以更加丰富、生动和直观的方式呈现出来,更能触及人们的心灵,互联网上转发、点赞、捐赠的氛围带动人们的公益行动更加积极。例如,在微尘川滇助学行中,青岛市红十字会通过微信、微博实时图文报道所见所闻,勾起了人们心中那份原本的善良,又通过媒体进行了整版的报道,在岛城掀起了新一轮爱心热潮,众多的"微尘"伸出援助之手,纷纷认捐资助微尘阳光少年,短短几天,收到捐款近10万元。

（三）数字技术扩大微尘传播受众

随着互联网和移动设备的普及,对公益观念的宣传推广进一步触及更广泛的人群,慈善不仅是个人修德而且是一种社会责任的意识也变得更为普遍,与此同时,慈善组织借助互联网等技术开发了捐步数、捐阅读、捐微笑、捐积分、捐小红花等多元参与途径,有效激发了公众的参与热情,"人人慈善"快速地从一种理念转化为行动。①

第一,数字技术使传播受众突破地域限制。传统公益传播往往受限于媒体渠道和地域差异,导致公益受众覆盖有限。随着互联网的普及,越来越多的人开始通过社交媒体、在线论坛等渠道获取信息。这些平台汇聚了来自不同背景、不同年龄段、不同兴趣爱好的互联网受众,受众的广泛性为公益传播提供了巨大的群众基础。在互联网产生之前,"微尘"面向的受众主要是青岛市民,而随着互联网的发展,微尘基金会在微信、微博、抖音等主流社交平台发布公益动态,使传播受众得以扩展至全国乃至全世界。

第二,数字技术使得募捐门槛降低。传统的募捐方式以捐钱捐物为主,这也导致公益的受众主体有局限性。随着现代社会的发展,"慈善是富人的专利"这一思想不断弱化,越来越多的公众开始参与慈善活动。在互联网产生之后,民众可以通过更有趣、更便捷、门槛更低的新形式奉献爱心,这使得传播受众更加广泛。"5·8人道公益日",青岛市红十字会积极倡导"人人皆可参与"的公益理念,通过配捐的活动方式鼓励民众参与公益。在数字技术的助力下,微尘基金会已经累计筹集款物超过1亿元,10万多人直接受益,让人们看到了"微光可成炬,大爱映

---

① 周俊、刘辰玥《数字技术赋能中国现代慈善及其限度》,《社会政策研究》2024年第1期,第117页。

苍穹"的青岛"微尘"力量。互联网平台使得每一个人都能为其他人提供一点光亮,这种光亮可能是耀眼的星光,也可能是微弱的烛光,或是灼热的火炬,正是这或大或小的光亮让社会充满温情。

三、数字技术赋能公益慈善完善之策

随着互联网技术的智能化升级,万物皆媒的泛媒化时代正在到来。2019 年 1 月 25 日,习近平总书记发表了《加快推动媒体融合发展 构建全媒体传播格局》的重要讲话,强调"全媒体不断发展,出现了全程媒体、全息媒体、全员媒体、全效媒体,信息无处不在、无所不及、无人不用,导致舆论生态、媒体格局、传播方式发生深刻变化,新闻舆论工作面临新的挑战"[①]。习近平总书记对全媒体的概念内涵作了阐释,他的讲话对公益组织的数字化转型具有指导意义。数字时代背景下,微尘基金会在转型升级的同时存在着技术应用不足、合作程度不深、公益广告利用不高等问题,应针对目前出现的问题改进传播模式,提升传播实效。

(一)运用区块链技术加强公信力建设

公信力建设是公益慈善组织立命之本,唯有让公众明晰资金流向,公益组织的信誉才有保证,公众捐款的积极性才能得以发挥。当前微尘项目的透明度主要在于在筹款页面公示资助对象及相应数额并不断更新,这在一定程度上提高了公益活动的透明度,但仍存在局限性。互联网上的信息是由公益组织发布,公众与公益组织之间的信息不对称,信息可能存在被篡改或伪造的风险,缺乏有效的技术手段来验证资金的真实使用情况,仅

---

① 习近平《加快推动媒体融合发展 构建全媒体传播格局》,《前线》2019 年第 4 期,第 5 页。

凭互联网平台披露的信息,难以确保公益资金的完全透明和真实有效,导致公众对公益组织并不能完全信任,影响民众参与公益的积极度。

新兴的区块链技术为公信力建设破局提供了可能。区块链是一种分布式的共享数据库,其本质是通过去中心化的方式在多个分布式节点传递账簿信息,并达成一定的共识机制,从而建立信任关系的一种技术方案。[①] 区块链技术具有去中心化、不可篡改等特性,能够在当前最大限度地保证数据的真实性,明确资金流向,对此微尘基金会等公益组织应积极利用区块链技术,使公益账簿更加真实、透明、有效,提升民众对互联网公益事业的信任度与参与度。

(二)加强跨界合作,共建公益生态圈

公益组织自身的能力和影响力是有限的,而互联网平台的共享性、开放性、交互性及多向连通性特征,为多元主体合作提供了可能和空间,有利于充分发挥各方优势,实现各方互利共赢。相较于一般的公益组织,互联网企业拥有更加强大的技术优势和平台优势,创新出"微信捐步""蚂蚁森林"等门槛更低、更有趣的活动形式。

近年来,依托互联网实现的公益跨界合作呈现遍地开花的局面,腾讯"99公益日"、新浪微公益、阿里巴巴"公益宝贝"皆是互联网公司与其他公益组织创新活动形式的典型案例。而当前微尘基金会跨界合作的形式比较单一,主要是与腾讯合作参与举办一年一度的腾讯"99公益日",跨界合作带来的附加流量有限,活动形式不够丰富。微尘基金会应积极拓展与其他商业媒体及互联网企业的合作渠道,通过其他组织的平台和资源,扩大

---

①　赖祯黎《区块链技术在互联网公益传播中的创新运用》,《传媒》2020年第2期,第79~81页。

公益信息的传播范围和影响力。例如,与电商平台合作开展公益营销活动,通过购买指定商品或参与活动等方式支持公益事业,让消费者在享受购物乐趣的同时,也为公益事业贡献一份力量,实现商业与公益的双赢。公益组织可以与主流媒体、商业网站等合作,共同策划和组织公益宣传活动,通过发布公益广告、举办公益论坛、开展公益讲座等方式,提高公众对公益事业的认知度和理解度,激发公众的公益热情。

(三)创新公益广告形式

传统的公益广告具有时间长、成本高、单向传输、传播范围和受众有限等劣势,而在新媒体时代,受众可以依托自媒体平台发布短视频,达到公益广告的效果。相较于传统的公益广告,自媒体时代更突出受众的主动性、参与性、互动性,公益广告的制作门槛更低,传播效果更强。当前微尘品牌缺乏有代表性的公益广告,在新媒体平台的传播内容多为日常动态,缺乏吸引力。微尘基金会应充分利用自媒体的强大优势扩大品牌影响力,可以通过选择合适的自媒体平台、创作优质内容、加强互动与参与以及借助网红的力量等方式,充分发挥自媒体的作用,推动公益事业的发展。一方面,意见领袖或网红自带流量,公益组织可以邀请他们参与公益活动,利用他们的传播资源和社会影响,将公益信息传播给更多的人。另一方面,普通公众作为更为庞大的互联网用户,在公益广告的传播中同样发挥着重要作用,能够带动周边社交关系形成传播合力。微尘等公益组织也可以邀请受助群体在自媒体平台上发声,让民众与贫困群体能够近距离地接触。此外,微尘基金会还可以增强热点意识,以群众喜闻乐见的方式传递公益信息。

除了线上平台的传播,微尘基金会还可以利用户外媒体平台吸引民众关注公益事业。当前,以计算机媒体技术为支持的户外互动型广告成为新型的广告形式,具有超越传统广告的强大优势。传统的户外广告仅是信息的单向传输,缺乏与受众的互动性,而基于数字技术产生的数字户外广告可以实现与受众的双向交流,并可以根据个人行为精准投放,为公益组织提供精准的测量数据,从而更有效地传递广告信息和公益理念。

　　总之,数字技术的应用重塑公益生态,对公益组织来说既是机遇也是挑战。一方面微尘基金会要积极拥抱公益数字化,推动募捐模式、管理方式、传播渠道等各方面的创新,以开放的心态和生态加强各方合作。另一方面也要保持理性,以解决社会问题和提升社会价值为出发点,寻找组织适配的数字化路径,提升数字社会的全新竞争力。

（朱亦婷）

微尘品牌丰富青岛城市品牌

微尘品牌深远的影响力已然超越了公益领域的界限,对青岛的经济发展产生了显著的推动作用,不仅提升了城市形象,也增强了城市的凝聚力和向心力,为城市的发展注入了强大的精神动力。

一、微尘品牌填补青岛公益品牌空白

青岛拥有众多知名品牌,这些品牌主要集中在工商业领域。微尘公益品牌填补了青岛公益慈善品牌的空白,更以其无私奉献和积极倡导公益的理念,为青岛的城市形象增添了一抹温暖的色彩。正如青岛市红十字会原宣传处处长孙京利所说:"青岛具有品牌之都的美誉,海尔啦,青啤啦。微尘这个品牌我觉得是无价的,微尘的力量体现了一方有难、八方支援的中华民族的美德。微尘虽然只是一个小小的个体,但是聚集在一起就能够汇集成一个充满爱的大世界。"

在青岛公益领域缺乏显著品牌标识的背景下,微尘品牌的诞生为青岛的公益慈善事业树立了崭新的标杆。它以"微尘"为名,寓意着每一个微小的善举都能汇聚成改变世界的强大力量。这种独特的理念迅速获得了市民的广泛认同和积极响应,成为青岛市民心中公益与慈善的代名词,越来越多的市民在捐款时选择留下"微尘""小小微尘"等名字,表达了自己成为微尘品牌一员的愿望。据统计,在印度洋海啸后的捐款中,不露姓名的个人捐款占50%,而以"微尘""小小微尘""微粒"名义捐款的更是占据了相当大的比例,这充分显示了微尘品牌在市民中的广泛影响力和强大的号召力。

青岛市红十字会积极推广微尘品牌,通过举办各类公益活动、制作宣传品等方式提高品牌的知名度和影响力。同时,微尘品牌也获得了社会各界的认可和支持,包括青岛泛亚商标事务所有限公司和青岛雷迅在线科技有限公司在内的多家企业,愿意免费为微尘品牌提供工商注册和网络实名注册等服务。这些举措为微尘品牌的长期发展奠定了坚实的基础,使其能够更好地服务于青岛的公益慈善事业,有效地填补了青岛公益慈善品牌的空白。

二、微尘品牌提升青岛城市形象

微尘品牌在提升青岛城市形象方面发挥了积极作用。微尘品牌以其独特的公益性质,塑造了青岛的城市公益品牌,使青岛在全国范围内树立了积极的公益形象。这一品牌的成功塑造,不仅彰显了青岛市民的无私奉献和爱心,更强化了市民对城市文明的认同感和归属感,为青岛的城市文明建设注入了强大的精神动力。

在倡导并实践公益慈善精神方面,微尘品牌发挥了重要作用。它鼓励市民通过捐款、志愿服务等多种形式参与公益活动,向需要帮助的人群伸出援手。这种公益慈善精神的广泛传播和实践,不仅帮助了弱势群体,解决了他们的实际困难,更在全社会范围内传递了正能量,促进了社会和谐与稳定。同时,市民在参与公益活动的过程中,也深刻体验到了帮助他人的快乐和价值,进一步提升了自身的道德素质和文明素养。

在推动公益事业发展方面,微尘公益慈善品牌同样功不可没。微尘基金设立的公益项目,不仅解决了部分弱势群体的实际需求,还优化了城市资源配置,提高了社会整体福利水平。同时,微尘公益慈善品牌还积极与政府部门、社会组织等各方合作,形成了多方联动的工作机制,共同推动公益事业的蓬勃发展。

微尘品牌已经演变为青岛独有的文化标识,它深刻反映了青岛市民对公益事业的深厚情感和无私奉献的精神内核,成为传递青岛正面形象和社会责任担当的有力载体。青岛市红十字会和微尘基金通过精心策划和组织多样化的公益活动,不仅为青岛打造了一个充满文明与和谐的社会环境,还在全社会范围内积极推广了相互帮助的氛围。例如,微尘基金将爱心文具公益项目坚持了多年,并把简单的文具扩展成整整一箱的爱心包,这样的实际行动让青岛的文明和谐形象更加深入人心。这些努力无疑进一步巩固并提升了青岛文明、和谐城市的整体形象,使青岛在公众心目中的地位更加稳固。

三、微尘品牌增强市民荣誉感和责任感

微尘品牌,这一源自青岛并深深植根于这座海滨城市的爱心力量,经过多年的发展与沉淀,对提升市民之间的凝聚力和归属感产生了深远的影响。

经过多年的公益活动积累,微尘品牌已然成为青岛城市文化的一个标志性符号。每当人们提及"微尘",总会联想到那些充满温情的时刻和令人动容的故事。这些共同记忆,使得市民更加珍视彼此间的情感联系,并深化了他们对这座城市的情感依赖。当市民意识到自己不仅是城市历史的见证者,更是其文化的参与者与传承者时,他们的归属感和凝聚力自然得到了进一步的提升。

微尘品牌,与青岛城市文化紧密相连,二者在多个层面上实现了深度融合。这种融合不仅提升了青岛的城市形象,还进一步弘扬了青岛的城市精神。微尘品牌所倡导的无私奉献与热心

公益的精神,与青岛城市文化中的乐于助人、积极向上的价值观相契合,使得它能够迅速成为青岛城市文化的重要组成部分。如今在青岛,从城区到农村,大街小巷里,几乎每一本募捐册上都能看见署名"微尘"的记录,几乎每一个募捐站旁都会听到"我叫微尘"的回答。通过组织"微尘见真情,博爱遍岛城"等公益活动,微尘品牌不仅为需助者提供实际支持,还成功传递了青岛的公益精神,成为城市文化的重要载体,进一步加深了与青岛文化的融合。

作为青岛的公益名片,微尘品牌的影响力远超公益领域,已成功地将青岛塑造为充满爱心和公益精神的城市,提升了青岛的知名度和美誉度。同时,微尘品牌得到了青岛市民的广泛关注和积极参与,从捐款捐物到志愿服务,这种全方位的市民支持不仅彰显了青岛城市文化的包容性与凝聚力,更进一步强化了微尘品牌与青岛城市文化的深度融合。

微尘品牌所倡导的公益精神,有效地激发了市民的社会责任感。青岛市民对于微尘品牌所举办的公益活动显示出了强烈的参与意愿。例如,微尘基金十五周年公益盛典,吸引了 600 余名社会各界爱心人士及企业代表汇聚现场。他们不仅通过现场捐款、认捐"阳光少年"、竞拍爱心拍品以及参与义卖等多种方式积极参与其中,还共同筹集了善款 962.79 万元,以支持微尘基金的各个公益项目。这一盛况充分展现了青岛市民对微尘品牌的深厚认同与支持,同时也映射出他们积极参与公益、回馈社会的热情。

微尘品牌深入挖掘并广泛宣传普通市民的善举,不仅激发了广大市民的参与热情,而且显著增强了市民的集体荣誉感。微尘慈善品牌所倡导的公益理念和文化价值,与青岛市民的价值观和文化传统紧密融合,强化了市民对品牌的文化认同。微尘品牌还通过精心策划和广泛宣传各类公益活动，成功营造了一种积极向上的社会氛围，让市民深刻感受到自身善举所获得的广泛社会认可与尊重，从而再次强化了市民的荣誉感。总之，微尘品牌作为青岛城市品牌提升的重要推动力，塑造了城市公益形象，倡导并实践公益慈善精神，推动了公益事业发展，提升了市民文明素质，为青岛的城市文明建设作出了重要贡献。

（修静雯）

国际公益组织建设的经验与借鉴

　　世界上有许多著名的公益慈善组织,有的虽然创会时间短,但他们的品牌管理与运营经验有许多值得微尘基金会学习与借鉴之处。下面对一些国际公益品牌的管理和运营做法进行分析,以便能够更好地促进微尘品牌发展。

一、明确品牌定位,提出核心理念

　　世界宣明会于 1950 年成立,是一个以儿童为本的救援、发展及公共教育机构,秉持"服务贫穷人"的信念,与各方通力合作,致力于为最脆弱的儿童及其家庭、社区服务。作为一个发扬人道与博爱精神的国际慈善团体,世界宣明会在全球拥有超过 35000 名员工,目前在近 100 个国家及地区开展工作。1982 年,世界宣明会参与中国青海水灾的救援工作,并逐渐扎根中国。1993 年,世界宣明会-中国正式成立,在中国拓展各项扶贫及社区发展工作。2017 年,根据新实施的《中华人民共和国境外非政府组织境内活动管理法》,世界宣明会-中国在 8 个省份注册成立了机构代表处,继续与各级政府、社会组织及社区合作,贡献于中国的儿童发展事业,为困境儿童的未来带来希望。

　　目前,社会上对公益的具体内涵理解较浅,简单理解为积德行善,较少从社会层面考量公益的含义,引导公众把参与公益当作一种生活方式。"微尘"作为一个公益品牌,微尘基金会项目包括:"微尘·生命项目"——覆盖 10 余种重大疾病,主要致力于先天性心脏病、白血病、再生障碍性贫血等血液病的救助;"微尘·健康项目"——围绕自闭症、脑瘫患儿开展一系列救助及关爱服务,致力于推动建立自闭症家庭社会救助机制,关爱自闭症患者及家庭,增进自闭症青少年及其家庭与全社会的融合;"微尘·教育项目"——以改善教育现状,为下一代提供综合素养培养为目标,帮扶困境家庭、留守儿童,主要致力于微尘阳光少年、博爱小学、爱心文具、微尘班、大学生圆梦行动、微尘图书室等项目的开展。从微尘的服务项目不难看出,微尘品牌有明确的目标,可以从世界宣明会等国际公益组织借鉴更好的经验,扩大品牌的国际影响,为此需要以更专业的机构和团队来打造品牌,使微尘走向全国,走向世界。

二、具备良好的品牌运营、管理和传播规划能力

谈到非营利组织,很多人会认为商业与公益是两个割裂开来的概念:商业活动中不太可能有公益,而公益活动更不应该和商业扯上关系。然而,在国际上,商业被认为是与公益高度结合的。专业的商业手段不仅能帮助公益组织健康地运转下去,还能够助力弱势群体赋权。公益组织和企业一样,都需要支付员工工资、办公室租金等,在项目中甚至是筹款活动中也都有支出。因此,公益组织的生存和发展都需要资金,而他们的其中一部分收入可以来自商业活动。

肯尼亚野生动物保护组织"奥佩杰塔野生动物保护区",在用商业活动养活自己方面是一个优秀的案例。奥佩杰塔野生动物保护区因姚明的纪录片《野性的终结》而为大多数国人所知。纪录片中,世界上最后三只北方白犀牛的故事触动了许多观众,吸引了许多人到访这片原始而自由的土地。但是,大多数人不知道,奥佩杰塔野生动物保护区在国际公益圈中以商业活动闻名,它是个企业,而不是个非营利组织。看似背道而驰的公益与商业的巧妙结合,使得奥佩杰塔野生动物保护区成为非洲野生

动物保护领域的标杆。

奥佩杰塔最开始是一家大型牧场。为了保护牲畜,牧场人员驱逐了这片土地上所有的食草动物,而觊觎牧牛的食肉动物得到的只有枪声。然而,这一切在 1970 年悄然改变。这一年,肯尼亚政府颁布了"禁止猎杀野生动物"的法令,同时索马里盗猎活动的猖獗,使大象等野生动物不断南迁。于是,奥佩杰塔的牲畜开始受到野生动物的威胁,牧场经营成本大大增加,利润也随之减少。

为此,不断寻找出路的奥佩杰塔,开始和占地 2000 多公顷的甜水保护区合作,通过开展犀牛旅游项目来增加收益。2004 年,奥佩杰塔通过野生动物旅游获得的收益逐渐超过了牧场;同时,旅游业因为其不稳定性,常常需要牧场来提供"过渡资金"。于是,奥佩杰塔正式将二者融合,形成以旅游业为中心、以畜牧业为辅的保护区。其中,旅游业以发展野生动物保护为主要目的。旅游业一直是奥佩杰塔收入来源的中坚力量,近五年内的平均盈利占比更是高达 70%。来到奥佩杰塔的游客通常需要购买高额门票——每人每天高达 90 美金,比一般国家公园都贵;里面的豪华酒店,数百美金一夜;只要你再付钱,就可以去看世界上最后的北方白犀牛。除了赤道线、犀牛墓地、河马丛林等免费景点之外,旅游部门近年来陆续开发出 7 种额外收费项目——夜间游猎、狮子追踪、丛林徒步等,每项单独收取 40 美金。其带来的大幅增加的旅游收益,都会被用来进行保护区建设。

和许多公益组织不同,奥佩杰塔力图摆脱对捐赠者的依赖。近年来,其通过募捐获得的资金占比在不断减小。首席执行官理查德说:"一个可持续发展的模式,需要做到不依赖政府补贴和外界捐赠。"

奥佩杰塔野生动物保护区的管理和运营经验说明，公益组织也可以通过商业化的运营来筹集资金用于公益项目，保证公益项目能够健康持续地运行。微尘基金会在不断谋划，通过提升品牌的运营、管理和传播规划能力，在获得捐赠的同时，能够提高自生能力，使微尘基金会进一步发展壮大，更好地造福成千上万需要帮助的人。

三、践行透明公益、理性公益理念

随着公众对公益的关注度逐渐提升，对公益品牌的构建提出了更高的期待和要求。合法合规是公益品牌的基础，也是每个公益机构的生存底线。同时，公益品牌的构建也在不断拓宽人们对于公益的想象空间。

电话会议（Earnings call），又被称为盈余电话会议，是上市公司以多方通话的方式来发布和讨论一个报告期内财务成绩的手段，如今几乎全部通过网络直播来实现。在美国，这种方式已经开始悄然进入公益行业，只是它不仅被公益机构用来公布自身的现金流情况、财务预估和盈亏状况，公益机构从中看重的是影响力。美国指南星组织（GuideStar）是一所为近 200 万家公益组织发布财务报告的非营利机构。2014 年 2 月底，它举行了首次"影响力电话会议"，向其捐赠者、用户和支持者"晒"出自己的运营情况。当然，除了力争透明外，这也可谓一种上佳的营销方式。会议当天，有超过 400 人登录直播平台了解"指南星"2013 年的财务成绩、目标及其对于非营利部门的影响。在此之前，"指南星"每年也都会把财务报告交给理事会过目，并在网上进行公布。但在如今这个捐赠者需要知道更多信息的时代，"指南星"认为应该让自己的信息更容易被外界获取。"指南星"主席兼首席执行官雅各布·哈罗德（Jacob Harold）说："我们不想只是走走形式。我们的工作就是让所有公益机构以系统化的方式分享信息,所以我们首先自身得做到这一点。"在经济形势迫使公益组织不得不提高每一分钱的效率和社会监督加大的背景下,电话会议意味着非营利部门正在继续向私营部门的运作靠拢,这种"非营利界版本"的电话会议也只是公益机构向企业借鉴的多种方式之一。

"指南星"的电话会议是以新型方式展示透明公益、理性公益的样本,通过技术赋能公益慈善,促使优质的公益理念不断走入公共视野,也提高了社会大众对公益慈善的关注并促使其深度参与其中。这种做法同样对微尘基金会有借鉴意义。

微尘基金会从成立起,就践行了"透明公益""理性公益"理念。为确保救助信息真实有效,对捐助人负责,微尘基金会对家庭困难、进行大病救助的申请人设定了一套合规的程序,微尘基金会有专人进行审核。项目规范化、透明化,接受全程监督,这是微尘基金会从创立之日起就定下的规矩。

为了把所有捐款全部用于救助项目,微尘基金会理事每一次救助和走访受助者,都是自己掏腰包加油开车或者买机票、安排住宿,项目执行以及办公室的各项费用都由常务理事分摊,为的就是让每一笔善款准确达到救助者手中,让尽可能多的受助者感受到社会的温暖和爱心。

四、将公益慈善事业发展制度化

美国公益慈善事业发达,很大程度上归功于相关的法制建设。美国加州州立大学中国项目代表、美中文化协会会长林旭对《环球时报》说,从行政管理的角度看慈善组织,通常是用非营利组织的概念。而非营利组织受联邦国税局总税法规范,总税法501(c)条款列举了27种可以免缴收入调节税的组织,其中被列入抵税优惠的有慈善组织、宗教组织等非营利组织。

早在1913年，美国税法就规定，向慈善组织捐赠可以免税。任何慈善组织都是按非营利组织的登记过程进行注册，大致程序如下：在州一级先注册为法人机构，然后向联邦国税局申请免税地位，接着向州政府税务部门申请免税地位。作为非营利组织，每年的收入不必缴纳各种联邦和州的税赋；在举办各种活动时可以享受很多优惠，譬如租借场地，非营利组织可以节省1/3至1/2的费用；有些活动仅限于非营利组织申请和参加等。另外，捐款可以用来抵税。这一条成为很多商业机构乐于为非营利组织捐款的重要原因。

美国用税收制度培育和监督慈善，取得了很大成功，但也让慈善不可避免地卷入税收政策的争论中。无论是1969年国会通过的税制改革法，还是1984年通过的税收改革法案，都对富人利用慈善逃税等行为进行了打击。而富人借慈善避税的话题更是一直存在，争议颇多。甚至有人担心，富豪们将财富转移到慈善机构，可能导致美国国家财政付出高昂代价，使得税收萎缩。有学者认为，这是一个无法回避的问题。

中国公益慈善事业发展也得益于鼓励和促进公益慈善事业发展的法律制度不断完善，比如，《中华人民共和国慈善法》在2016年公布之后，经过几年实践，新修订的《中华人民共和国慈善法》于2024年9月5日施行。修订部分突出体现慈善功能新定位、积极回应慈善发展新问题、强化优化慈善促进新举措、建立健全慈善监管新机制、充实完善慈善信托新制度，为发挥慈善事业第三次分配作用、推进实现共同富裕提供了坚实的法律保障。另外，公益慈善税收减免政策等各种法律制度也在不断完善，为中国式公益慈善事业发展保驾护航。

20年风华正茂，在青岛市红十字会成立110周年和"寻找微尘"20 周年之际,深入挖掘微尘品牌内涵,借鉴国外公益慈善组织的品牌运营和组织管理经验,可以继续扩大微尘品牌效应,健全微尘基金会的管理,以便在引领青岛市公益慈善事业更快更好发展方面发挥更大的作用。

(石晓媛)

附录一 微尘大事记

2004 年

- 爱心人士化名"微尘"为印度洋海啸捐款 5 万元。

2005 年

- 《青岛早报》刊登《2005,请你找神秘"微尘"》。
- 《青岛早报》刊登《"微尘"标志等你选》。
- 微尘荣获 2004 年度"感动青岛"特别奖。
- 微尘标志、徽章及相关资料被青岛市档案馆永久收藏。 这是新中国成立以来该馆第一次整体收藏一项公益活动 的资料。
- 微尘荣获第二届"全国十大社会公益之星"。
- 微尘荣获"中华慈善奖"。

2006 年

- 微尘荣获"2005 山东年度新闻人物"。
- 原中央政治局常委李长春同志在《人民日报》1 版"我叫微 尘"一文上批示:"这是我们社会的正气歌。"
- 山东省红十字会简报刊登《微尘先进事迹报告会全省巡讲》。
- 中国红十字简报刊登《微尘先进事迹报告会全省巡讲 33 场》。
- 中央电视台十套《公益行动》播出微尘故事的专题访谈对 话节目。

2007 年

- 微尘荣获中央电视台 2006 年"感动中国"年度人物殊荣。
- 微尘荣获"山东省道德模范"称号。

- 山东省红十字会简报刊登《青岛微尘获得感动中国》。
- 《中国红十字报》刊登《青岛成立"微尘车友会"》。
- 中央电视台一套《东方时空》栏目播出《青岛微尘》。

2008 年

- 微尘爱心群体参与南方冰雪灾害救灾和四川汶川地震抗震救灾的事迹在全市巡回报告。
- "微尘"被国家商标局注册为公益商标，成为青岛市第一个注册的公益商标。

2009 年

- 《寻找微尘——一座城市的良心》图书出版。
- 人民网刊登《青岛拍摄全国公益品牌"微尘"题材电影〈寻找微尘〉》。
- 微尘基金荣获"红十字博爱银奖"。
- 《青岛早报》刊登《"微尘"首映　众星云聚》。
- 《人民日报》刊登《微尘，和谐社会的基本粒子》。
- 微尘荣获"中国爱心城市之旅爱心榜样奖"。
- 电影《寻找微尘》荣获第十一届精神文明建设"五个一工程"奖。
- "微尘"被写入中国红十字会"九大"报告。
- 中共青岛市委宣传部主办《微尘精神在延续——青岛籍百名影人"电影爱青岛"贺新春》大型公益晚会。

2010 年

- 《青岛早报》刊登《〈寻找微尘〉一年谱写"大爱无边"》。
- 微尘基金常务理事团荣获"十大微尘公益之星"团体奖。

2011 年

- 青岛市红十字微尘基金爱心理事团荣获 2010 年"感动青

岛"群体奖。

- 微尘基金荣获"2010 年度山东慈善奖最具影响力慈善项目"。
- 微尘事迹入选《青岛市志》。
- 微尘荣获"青岛市著名商标"。
- 《中国红十字报》刊登《我们有一个共同的名字："微尘"》。
- 《青岛晚报》刊登《微尘公益之星》系列报道。
- 微尘基金作为全国唯一的草根公益团体参加中国红十字总会"红十字在行动"报告会，受到国家领导人（副总理）亲切接见。

2012 年

- 微尘基金参加青岛市道德模范巡讲。
- 微尘基金组织举办"明星足球嘉年华"，央视主持人队与香港明星慈善队奉献了一场精彩的比赛。
- "微尘"商标成为唯一一个公益类山东省著名商标。
- 微尘作为城市精神写入青岛市第十一次党代会工作报告。

2013 年

- 微尘基金博爱小学项目、阳光少年项目荣获"青岛市优秀志愿服务项目"称号。
- 微尘基金爱心理事团荣获"青岛市优秀志愿服务团队"称号。

2014 年

- 《青岛早报》刊登《寻"微尘"寻出城市大爱》。

2015 年

- "微尘"入选中宣部宣传干部培训教学案例。

2016 年

- 中华慈善博物馆收录微尘事迹。
- 微尘荣获山东省善行义举四德榜"榜上有名"先模人物称号。

- 微尘基金荣获品牌"太阳花"最佳公益奖。
- 青岛市城乡规划展示中心"大爱青岛"主题展览收录微尘事迹。

2017 年

- 微尘基金荣获全国红十字系统人道资源动员工作"好项目好活动"奖。
- 青岛红十字微尘基金爱心团在山东省 2017 年度志愿者服务"四个 100"先进典型宣传活动中,被推选为最佳志愿服务组织。

2018 年

- 《人民日报》推出的青岛城市形象宣传片《青岛一分钟》中出现了微尘。微尘这一青岛城市文明的象征展现在世界面前。
- "微尘"荣获山东省庆祝改革开放 40 周年感动山东人物(群体)奖。

2019 年

- 微尘基金注册成立独立法人基金会——青岛市微尘公益基金会。

2020 年

- 青岛市微尘公益基金会获得抗击疫情最佳志愿服务组织。

2021 年

- 微尘事迹报告走进青岛大学思想政治课堂,用慈善传播美好。

2022 年

- 微尘公益基金会向多地捐赠防疫物资。

2023 年

- 《人民日报》刊登《文脉国脉紧相连——如何理解全面建设社会主义现代化国家必须推进文化自信自强》,文中写道:山东青岛志愿者服务"微尘"彰显大爱。
- 中国红十字总会创办的《博爱》杂志刊登《微尘爱在延续》。
- 山东省"四进"工作组进行青岛中国品牌之都定位调研,到微尘公益基金会调研微尘公益发展情况。

2024 年

- "微尘公益"孔子学堂(学堂号:3300 号)授牌。
- 微尘公益基金会获评"青岛市社会组织风云榜"公益慈善类"最具贡献力社会组织"。
- 青岛市微尘公益基金会荣获"中国红十字博爱奖章"。
- 青岛市微尘公益基金会参加青岛市人民政府新闻办公室召开的"青岛市红十字会的发展历程暨庆祝成立 110 周年有关活动安排"新闻发布会。

附录二　微尘故事

爱的"息壤"

　　我国古代神话《山海经》里提到了一种神奇的泥土,只需有一点点落在人间,即如酵母发面、核子裂变般生长不息,这就是"息壤"。青岛有个"微尘",人们都说他(她)就像爱的"息壤"。

　　"微尘"数次为社会公益事业捐款,每次都不留真名。他(她)总是以平常心对待社会的赞誉,一贯以低姿态回避媒体的追寻,却一次次向需要帮助的人们献上爱心、伸出援手。"人都应该有一颗感恩的心,自己做的事很微小,我只想平静地做些该做的事。"这是"微尘"捐款时的留言。话语像泥土一样质朴,胸怀却像大地一样广阔。

　　默默奉献爱心的"微尘",感动了青岛人,千千万万的"微尘"出现了。今天的青岛,以"微尘"命名的募捐箱常常被捐款塞满,胸佩"微尘"徽章的志愿者遍布街头巷尾。"微尘"已从起初的个体行为,演变成一个被公众普遍认同的爱心符号和公益品牌。

　　"微尘"和"微尘"们,是一个奉献爱心的缩影。不说别的,单说这个寒冷的冬季,爱心的暖流就在各地涌动。神州上下,大江南北,都在积极开展向困难群众送温暖献爱心活动。衣物和捐款,为困难群众抵御了风寒,更在他们的心田里滋生暖暖的春意。

　　一滴水能折射太阳的光芒,一粒"微尘"也折射出人类美德的光辉。爱是人类最美丽的语言,也是使"微尘"成为"息壤"的强劲催化剂。爱人者,人恒爱之;爱人者,人也恒效之。今天,越来越多的人们,用自己的实际行动,将扶弱济困、乐善好施的中华民族传统美德诠释得淋漓尽致,他们的群像也在爱之光辉的播洒中放大和升华。

丛飞、张颖、霍岱珊、林瑞班、徐本禹……这些人们或熟悉或陌生的名字,还有为数众多的社区义工、青年志愿者、无偿献血者,每一个行业、每一个领域、每一片土地,都有这些爱的奉献者和传递者,也都需要和呼唤着更多的人加入这个行列。

爱是泽润心田、洗濯灵魂的阳光雨露,生活在一个人人都有爱心、处处都充满爱的世界里,是人类不懈的追求和梦想,也是文明社会温馨和谐的图景。今天,越来越多的人认识到,关爱他人,关爱那些需要帮助的人,是一个公民应该具有的道德品质,也是社会文明的一个基本尺度。

财富有多寡,能力有大小,但爱的"息壤"从来不拒绝哪怕再细小的"微尘"。"授人玫瑰,手有余香。"一个被人关爱的人是幸福的,一个关爱别人的人是快乐的。当人们在喜悦中看着爱的"息壤"一天天地生发成长,慢慢地把奉献爱心当成生活中不可或缺的组成部分,一个更加文明而温馨的社会就发育起来了。

王朝明

《人民日报》 2005 年 12 月 21 日

"微尘"入选"2006感动中国十大人物"

"他来自人群,像一粒尘土,微薄、微细、微乎其微,寻找不到,又随处可见。他自认渺小,却塑造了伟大,这不是一个人的名字,这是一座城市的良心。"这是"微尘"获评"2006年感动中国十大人物"时推选委员会的感动印象。

2004年底,印度洋突发海啸灾难,一对中年夫妇走进了青岛市红十字会,要替朋友为印度洋海啸灾区的灾民捐款5万元,当工作人员问其姓名以便开具收据时,他们留下了"微尘"的化名。在青岛市红十字会记录中,"微尘"在"非典"时期捐款2万元,新疆喀什地震捐款5万元,为白血病儿童捐款1万元,湖南灾区捐款5万元……这位热心公益事业、化名"微尘"的好心人,多次捐款且数额较大,但却一直不愿露面。于是,青岛开始了寻找"微尘"的行动。网友们纷纷留言表达对"微尘"的敬意和祝福。一位网友说:我们的社会需要这样有公益心的人,不一定要有多少钱才可以,重要的是有这样的爱心。也有网友认为,"微尘"以自己的方式做善事,是个值得尊重的人。市民就该尊重他(她)的生活方式,更希望"微尘"这两个字成为青岛公益事业的一个符号。

从2005年开始,越来越多的市民认识了"微尘"、走进了"微尘","微尘"凝聚起了更多的爱心。很多市民在捐款后,也留下了"微尘""小小微尘""微粒"的名字。"微尘"已经逐渐超越了一个名字的称谓,成为一个不留姓名、无私援助公益事业的群体,一种诠释爱心的精神符号。在"微尘"这个群体中,党政机关干部、普通市民、大学生、儿童等都伸出了援助之手,同时也留下了许多让人感动的故事。一位伤残老红军把 800 元投到募捐箱后就匆匆离开；数名大学生拿着自己的生活费赶到街头募捐点，他们都说自己是"微尘"；一名白发苍苍的老人拿着退休金走进青岛市红十字会办公室，在募捐花名册上留名"微尘"；一位母亲抱着三岁的儿子，向募捐箱里塞进压岁钱，这名母亲说，"他也当粒小微尘"；一个还没有募捐箱高的儿童跷着脚把几个硬币投入其中，那时，他的小手冻得通红，脸上却露出了灿烂的笑容。人们并不知道这些人的名字，但都亲切地称他们"微尘"。青岛即墨一市民以"即墨微尘"的名义一次捐款 10 万元，专门用于救助白血病儿童。烟台海阳先天心脏病少年晓彬，因贫困凑不齐医疗费时，一笔又一笔爱心捐款从岛城的四面八方汇聚到了晓彬的病床前。让晓彬和父母感到奇怪的是，好多捐款署着同一个名字"微尘"。一位出租车司机有一个身患白血病的女儿，几位同事在得知她交不起车辆保险金后，凑钱帮她交了保险。为了感谢同事，她给青岛广播电台打了一个电话，表达感激之情，可是接下来发生的事，让所有的人始料未及，无数的出租车司机和青岛市民在听到这个节目后纷纷打电话要求到电台捐款，前来捐款的车排起了长队，很多人赶过来捐了款后不留姓名就匆匆离去。青岛人的爱心也感染了很多到青岛的外地人，一位深圳人刚到青岛，在听到电台直播的节目后，顾不上去宾馆，就先到电台捐款。一位外地人委托出租车司机捐款后留下字条：青岛人非常有人情味。捐款一直持续到了夜里 11 时，本来一个小时的直播节目也不得不延续，一直播到夜里 11 点。短短两天时间里，青岛市民为这个家庭捐助了 27 万元，当天有 100 多人登上献血车无偿献血或捐献造血干细胞血样。"微尘"的精神不但感动着岛城人民，连驻青岛的外国友人也纷纷学习微尘精神，捐款救助 20 余名贫困先天性心脏病儿童、20 名白内障老人，为红十字敬老院捐助轮椅 10 辆,捐款救助优秀红十字青少年 44 名,捐赠价值 15 万元的衣物,救助白血病患者等。有了许许多多的"微尘",青岛市红十字会的募捐活动开展得如火如荼,爱心的热浪也被一次又一次地掀起。2005 年,青岛市红十字会接受社会捐款 434 笔,不留姓名的占个人捐款的 50%,以"微尘""小小微尘""微粒"等名义的个人捐款占 10%。在山东省红十字会向印度洋海啸受灾国募捐中,青岛市有 86 人捐款 1000 元以上,其中 27 人署名"微尘"。"微尘"的捐款被及时运用到需要救助的普通贫困人群。青岛平度南村镇 6 岁的张阳,患先天性心脏病,因"微尘"的救助获得新生。小张阳最大的愿望就是能见到给他第二次生命的"微尘妈妈"。仅 2005 年,"微尘"救助金额 6.6 万元,为 59 名特困心脏病儿童和 20 名贫困的白内障患者实施手术。

在广大市民的共同参与下,"微尘"从一个热心公益事业的爱心群体,逐渐发展成一个诠释爱心的公益品牌,"微尘"善举被放大为整个城市的行为。2005 年 1 月 6 日起,青岛市红十字会通过《青岛早报》向社会征集"微尘"公益商标标识和宣传用语,市民通过发短信、网络、寄信等形式投票,共收到设计方案 50 余份。经专家初选的 8 幅作品又向社会公开征集投票评选,共有 550 余市民通过发短信、网络、寄信等形式投票,选出微尘标识。6 月 1 日,青岛市红十字会推出首批 1000 枚微尘徽章,这是自"微尘"爱心标识确定后,首批爱心产品——千枚微尘徽章义卖了 20 万元。一位私营企业老板以 10 万元钱购买 10 枚微尘徽章救助 10 名贫困先天性心脏病儿童,他告诉工作人员,自己来买徽章是想当一次"微尘",做一件有意义的事。一些港澳台同胞也伸出援手,购买"微尘"纪念品,奉献爱心。6 月 15 日,"微尘"的所有资料被青岛市档案馆永久收藏,这是新中国成立以来该馆第一次整体收藏一项公益活动的资料,并决定追踪收藏后出现的一切有关"微尘"的资料,不断记录这个城市的文明足迹,为创建和谐社会增添亮丽风景。

2006 年,青岛市在发现"微尘"、凝聚"微尘"爱心群体、形成"微尘"爱心品牌、弘扬"微尘"精神的过程中,设立了"微尘"救助热线,成立了红十字微尘合唱团,开展了"'微尘'精神感动我"征文等活动。在青岛国际啤酒节期间,崂山区在国际啤酒城设立 6 处"微尘"义卖和志愿服务站,举办了"爱与分享"专场募捐晚会,在国内外游客中开展义卖募捐和宣传活动,扩大了"微尘"的影响。四方区通过举办"微尘杯"博爱救助金书画展卖等系列宣传募捐活动,募集捐款 16.2 万多元。市北区在宁夏路街道建立博爱义卖商店,开发义卖"微尘"纪念品,拓宽了募捐渠道。当年,青岛市红十字会募集救助金 312 万元,各区市红十字会募集 221.39 万元。青岛市卫生局组织实施了健康博爱送万家系列工程,救助 66 名心脏病儿童、830 余名白内障贫困患者实施手术,为 500 余名特困人群进行免费查体,20 余名股骨头坏死病人、肾病患者、癌症患者和造血干细胞移植患者得到救助。青岛市委宣传部、青岛市文明办、青岛市红十字会等单位联合组织"微尘"宣讲团在全市、全省巡回演讲,"微尘"更加深入人心。"微尘"事迹引起中央、省和中国红十字会领导的高度重视,中央政治局常委李长春批示:这是我们社会的正气歌。中央电视台《文明中国》栏目对"微尘"进行了专题报道,《人民日报》、新华社、中央电视台等媒体给予大篇幅的宣传报道。中宣部把"微尘"作为第四个"公民道德宣传日"重大典型。至此,"微尘"已提升为一个热心公益的爱心团体、关心他人的精神符号、诠释爱心的公益品牌。"微尘"被评为"2006 感动中国十大人物",是组织者第一次把这一奖项颁发给爱心公益群体。

　　2008 年,"微尘"正式成为青岛市第一个经国家商标局注册的公益商标,并发行"微尘"银行卡,成立了"微尘"车友会、"微尘"合唱团、"微尘"基金等公益社团,聘请宋佳、李永波担任"微尘"博爱大使。2008 年为多事之年,众多"微尘"更加主动参与南方冰雪灾害、四川汶川地震、青岛奥帆赛场海域抗击浒苔等突发事件的人道主义救助工作。抗震救灾期间,青岛市、区市两级红十字会共接收捐赠款物 2.97 亿元,占全市募捐总额的 48.6%,占全省红十字会系统募捐总额的 56%。青岛市的第一个"微尘"先后两次委托亲友捐出 20 万元,"微尘""中国力量""骨肉同胞"等化名成为市民们捐赠和鼓励灾区群众的另一种表达方式,其中,留名"微尘"的占所有不留真实姓名捐助者的一半以上。至 2008 年底,青岛市以"微尘"名义先后救助印度洋海啸、两江水灾、新疆地震以及湖南、江苏、江西和菏泽、济宁灾民,援助西藏日喀则,贵州安顺、铜仁等地医疗卫生机构以及青岛市胶州、胶南、即墨受灾群众,累计募集援助款物近 1000 万元。

　　2009 年 6 月 16 日,电影《寻找微尘》在北京京西宾馆礼堂首映,倪萍、唐国强、王玉梅、赵保乐、陈好、林永健等一批著名的青岛籍演员,甘做"微尘",不计片酬,真情演绎了众多"微尘"扶贫救困、互助友爱、乐善好施的传统美德。《寻找微尘》先后在全国 80 多个城市上映,"微尘"事迹也被人民网、中央电视台新闻联播等媒体广泛传诵,"微尘"精神成为青岛的一种文化内涵和文化象征。

青岛市情网　2012 年 10 月 22 日

"谢谢你,青岛人!"
青岛市微尘公益基金会为"饭团夫妻"捐助万元善款
"饭团夫妻"直播免费教做饭团

2017 年小橙子被查出了白血病,为了给儿子筹集治疗费用,陈民栋和妻子袁丹丹在街头摆摊。他们"摆摊救子"的故事被热心市民传到网上,一场购买"爱心饭团"的行动在青岛市民中自发展开,很多顾客特意多付钱,还有一些好心人给孩子送来水果、牛奶、面包等,崂山区城市管理局工作人员的关心帮助,也被无数网友点赞。6 月 7 日,《青岛早报》刊发了题为《"饭团夫妻"收获城市大爱》的报道,引发社会广泛关注,无数市民被"饭团夫妻"一家的不屈精神打动,纷纷向他们伸出援手。

6 月 17 日,青岛市微尘公益基金会加入帮助"饭团夫妻"的行动中,为小橙子提供 1 万元的紧急大病救助金。"饭团夫妻"也用自己的方式表达着对好心人的感谢,他们通过开直播免费教做饭团的方式回馈社会。

现场

"微尘基金"捐助"饭团夫妻"

6 月 17 日下午,在中国海洋大学(崂山校区)东门,"饭团夫妻"的三轮车前人来人往。刚见面,袁丹丹就跟记者讲述着小橙子最近的情况。而当天这个摊位也迎来了一位代表着"大爱青岛"的特殊"朋友"——青岛市微尘公益基金会。

青岛市微尘公益基金会项目负责人江润泽表示,青岛市微尘公益基金会理事长、秘书长以及爱心理事们在看到了《青岛早报》关于"饭团夫妻"的连续报道后非常感动,他们决定贡献自己的力量。

"同为父母,我们特别能理解他们的心情,希望尽一份力来帮助他们。"江润泽动情地说,青岛市微尘公益基金会向小橙子提供1万元的紧急大病救助。"我们通过报道得知夫妻俩情况特殊,我们也特事特办,申请单和相关证明文件先由我们工作人员代为办理,青岛市微尘公益基金会在最短时间内把救助金送到小橙子手中。"江润泽说,希望这笔钱能帮助小橙子尽快战胜病魔,早日恢复健康。

"我们这次来也是想再了解一下孩子情况,你们这边还有什么需求,小橙子有什么需要帮忙的,我们再回去想办法,看看能否帮孩子再解决一些问题。"江润泽对陈民栋说。对于青岛市微尘公益基金会的帮助,袁丹丹激动地说:"我现在特别有信心,自从来了青岛,我感受到了家一般的温暖,政府、爱心市民都在关心着我们,真的特别感动。"

微尘,是青岛的城市名片,是这座城市爱心的汇聚。青岛市微尘公益基金会坚持"微尘有情,博爱无疆"的爱心理念,以关注儿童"生命、健康、教育"为宗旨,关注儿童生命项目,主要致力于先心病、白血病等大病患儿的救助和人道救援。微尘公益基金会付出的爱,不仅温暖着岛城需要帮助的贫困群体,更将无私的大爱洒向全国。

讲述

"感谢青岛,感谢青岛人"

越来越多的好心人知道了"饭团夫妻"的遭遇,纷纷来到他们的摊位献爱心。一位市民表示:"我也是一位母亲,能帮一把是一把,希望小橙子早日康复。"

陈民栋说："有很多好心人来给小橙子捐款,我们也拒绝了很多,大家都不容易,我们想通过自己的努力为小橙子做更多事,青岛真是大爱之城,大家的心意我们心领了。感谢青岛,感谢青岛人。"尽管现在遇到了困难,但夫妻俩还是希望用自己的双手去创造未来。饭团摊位是他们自食其力的坚持,青岛市民的爱心善举则传递着这座城市的温情。

小橙子也十分争气,最近他的状态越来越好。"一开始把小橙子放在炕上,他自己很难起身,现在他能自己爬起来活动了。"谈起这段时间小橙子的变化,袁丹丹说:"昨天晚上他还自己爬起来吃了薯片,我和他爸爸又惊又喜。想着要赶紧做一个床围,这样,我们在忙的时候也不担心他会掉下来。"

青岛人的大爱一直在延续,默默付出却不曾留下姓名的好心人也层出不穷。据袁丹丹介绍,前段时间,一位好心人看到《青岛早报》的报道后来到摊位,仔细观察小橙子的情况后说他可以按摩治疗。"那位按摩师傅每天都到我们家,只要他不忙,一定会到。"袁丹丹说,小橙子的情况在一天天变好,原来很难完成的动作,现在在引导下都能完成。"尽管他的进步不算快,但我们已经看到了曙光。"袁丹丹说。

回馈

直播免费教大家做饭团

袁丹丹对记者说,她非常感谢《青岛早报》的报道,如今有这么多的人帮助他们,让他们非常感动。"我们是不幸的,又是幸运的,因为社会各界爱心人士的帮助,给了我儿子重生的希望,你们不仅在物质上帮助了我们,更在精神上给了我们与病魔作斗争的勇气。"

袁丹丹说,青岛是一座温暖的城市,将来有机会她和孩子会回报社会。袁丹丹是这样说的，也是这样做的。她日前在抖音平台免费教大家做饭团，每天 11 时准时开播。直播中，袁丹丹还有些生疏地对着手机说："先铺海苔，再放米饭，把各种配料美美地卷起来。"袁丹丹告诉记者，她最近真的非常感动，收到了很多好心人的帮助和鼓励，她想以这种方式回馈大家。

"我们也会在账号上分享小橙子的变化。无论是直播中还是在视频评论区，全都是鼓励的话语，我们一定带着大家的祝福继续努力。"袁丹丹说。

采访结束时，袁丹丹说："现在孩子很多事还不懂，但我一定会让他学会感恩，等我们熬过这几年，一定会用自己的力量回馈社会，回报这么多的爱心人士。"

夫妻摆摊救子，热心人相继施援手

2016 年 12 月，小橙子出生在菏泽市曹县常乐集镇，他的爸爸陈民栋是一名货车司机，他的妈妈袁丹丹大学毕业后从事会计工作，这个三口之家虽然不富裕，但也算是自给自足、和睦幸福。然而，意外发生，小橙子刚满 5 个月时一直高烧不退，辗转多个医院检查后，被确诊为幼年粒单核细胞白血病，这种白血病属于罕见病。

小橙子在两岁多的时候，进行了"移植"，但他突发癫痫症状，严重时需要 PICU 抢救。最终，顽强的小橙子还是挺了过来。看着坚强的儿子，陈民栋夫妇再次下定决心，无论如何也得坚持给儿子治病。

在治疗的头几年，夫妻二人除了照顾孩子、做饭外，没有太多空余时间，因此没法找工作，经济收入也就断了。为了给儿子治病、还债，他们夫妻二人想到了摆摊卖小吃。怀揣着对未来生活的期盼，2023 年初，陈民栋跟妻子一起带着小橙子来到了青岛。于是，便有了他们在中国海洋大学（崂山校区）摆摊卖饭团的一幕。

　　6月7日,《青岛早报》刊登题为《"饭团夫妻"收获城市大爱》的报道,讲述了"90后"夫妻陈民栋、袁丹丹奔波7年多摆摊为白血病儿子小橙子治病,来青后被无数青岛人的关心、支持和帮助所打动的故事,同时,《青岛早报》抖音号、视频号等多个平台的留言区也被"爱心浇灌"。

　　袁丹丹曾说来到青岛的初衷是为了给小橙子做康复,而这家康复医院就是《青岛早报》曾多次报道的青岛脑病康复医院。为了完成一家人的心愿,6月8日,《青岛早报》联合青岛脑病康复医院一起前往小橙子家,为他提供了"一对一""个性化"的精准康复评估服务。

徐小钦　杨博文　江彩雯

《青岛早报》　2024年6月18日

你的大学 "微尘"助力

随着高考录取信息发布,部分考生已经收到了大学的录取通知书,他们将迎来一段全新的人生旅程。然而也可能有个别家庭条件稍困难的同学正拿着录取通知书发愁。不用愁,家庭的负担不是大学生活开始的阻力,因为还有岛城众多爱心人士来祝福和助力!

7月21日,《青岛早报》联合青岛市微尘公益基金会启动

2021年大学生助学"圆梦行动",搭建起爱心的桥梁,面向青岛市征集家庭困难的"准大学生",为他们的大学初始加油助力。经走访符合资助条件的,每名学生将给予4000元助学金。这是《青岛早报》和微尘公益基金会连续第12年举办该项公益活动,已让千余名学生受益。

圆梦为部分"准大学生"加油助力

"我们这项公益活动的目标,是给家庭条件有些困难又品学兼优的考生,送上一份祝福和助力,让他们没有后顾之忧,能从容开始大学生活。"青岛市微尘公益基金会工作人员说。对于个别因家庭变故等原因导致经济条件稍困难的"准大学生"来说,学费有助学贷款,进入大学后有勤工俭学岗位可申请。但是初入大学这段时间的生活以及家庭可能存在的其他困难,成为他们的"尴尬"。这些负担的"尴尬"不应该成为孩子们的顾虑,如果有那么几千元钱的助力,他们能更自信地开始大学生活。

《青岛早报》记者也在连续多年的采访中发现,很多家庭困难又很懂事的"准大学生",从高考完后就开始通过各种方式打工,赚取自己的学费和生活费。《青岛早报》和微尘公益基金会发起的大学生助学"圆梦行动"活动,就是用爱心为大家搭建一个互助的桥梁,给这些"准大学生"们在通往大学的路上加油助力,用爱心为他们送上一份祝福,让他们从懵懂的高中顺利过渡到大学生活。

回访他们,用自信迎接新生活

"不知道学校里能不能有边打工边上学的机会。"去年8月,即墨考生小吴这样说。小吴的家中有多病的父亲和年迈的奶奶,一直靠低保补助生活,去年她以优异成绩考上了南方一所师范院校。《青岛早报》记者去年采访她的时候,她正迷茫。"和学校老师联系过,学费可以缓交,报到后老师会帮忙申请助学贷款,老师也说可以给安排勤工俭学的岗位,每月能有几百元钱的补贴。"小吴当时说,但是她家里的情况不好,手里只有她假期在家附近工厂打工赚的2000多元钱,还要留下一部分为父亲的病情应急,她不知道能在大学里坚持多长时间。去年9月份,带着来自大学生助学"圆梦行动"资助的4000元钱,小吴去大学报到了。"特别感谢微尘的好心人,帮我渡过了难关,我目前在学校里很好,每月还能给家里转几百元。"7月20日,《青岛早报》记者联系小吴了解到,去年她把打工赚的钱留给了父亲,带着4000元爱心助学款去了学校,前期花费了2000多元,购买了电脑和一些学习书籍等必备的东西,上半学期的生活费总共花了不到2000元。从去年10月份开始,她在学校有了打扫卫生的勤工俭学岗位,每月能有500元的补贴,去年底她尝试在当地找了份周末培训班老师的工作,每月能有1000元收入,她的生活已经走上了正轨。青岛市微尘公益基金会工作人员介绍,小吴的情况和很多受资助学生一样,在熟悉了大学的学习、生活和环境后,就能开始勤工俭学,赚取生活费。这个过程不仅锻炼了他们,也让他们更加自信。回访把微尘精神传递给同学们:"那年夏天,在微尘公益基金会领到了 4000 元助学款,当时的情景历历在目,激励着我一直不断努力。"

2011 年,平度考生杨辉以优异成绩考上了山东大学,如今他已经研究生毕业,目前在成都一家电子数字类公司做工程师。"当年其实差点就想放弃大学,因为当时家里的确连我的生活费都拿不出来,正是因为有了 4000 元助学款的鼓励,我才鼓起勇气去上学了。"杨辉告诉《青岛早报》记者,他到学校后,边打工边上学,每个学期都能拿到奖学金,解决了生活问题,后来在大学老师的鼓励和资助下,还完成了硕士研究生课程,如今已经工作 3 年了,大学期间欠下的助学贷款也已经快还完了。

2018 年,岛城学生王俊飞获得微尘公益基金会 4000 元助学款,顺利进入南京工业大学就读。他专门给微尘公益基金会写了一封感谢信,信中写道:"读大学是一个提升自己的好时机,每当我坐在大学明亮的教室里,我的内心都有很大的感触,是微尘让我感受到了社会的温暖和正能量,感受到了人间大爱。"大学期间,他参加了志愿者社团,想尽自己的力量服务社会、奉献社会,传递微尘精神、社会正能量。"感谢《青岛早报》和微尘公益基金会,帮我圆了大学梦,在我拿着录取通知书一筹莫展的时候,他们伸出了援手,让我可以到大学完成学业,实现我的梦想。如果我没有上大学,我的人生轨迹将完全不同。"2018 年受到资助的晓琳告诉早报记者,她不会忘记微尘公益基金会的叔叔、阿姨们曾经发出号召,希望受到帮助的学生能够刻苦努力,把微尘精神带到所在学校的城市。

延伸 11 年资助千余名学生"圆梦"

2010 年,《青岛早报》联合青岛市微尘公益基金会启动了首次大学生助学"圆梦行动",60 多名家庭贫困的学子获得了微尘以及社会各界爱心人士的资助,顺利走进大学校园,该活动也受到了社会各界的好评。此后每年的 8 月份,在各大高校的录取通知书发到学生们手中时,《青岛早报》和青岛市微尘公益基金会都启动这一公益活动,搭建起爱心的桥梁,为学生们送上祝福。到去年,11 年时间里累计资助千余名大学新生,发放助学金 400 多万元。每年的活动中涌现出很多爱心单位和人士,有些爱心人士经济条件宽裕,资助多名大学生,也有普通的退休教师,拿出工资资助一名即将成为国家栋梁的人才,希望他们能为社会多做贡献。如今,很多前几年受资助的大学生已经走上了工作岗位,成为国家栋梁,也有些近几年受资助的大学生还在大学校园继续深造,期盼早日回报社会。"每一分钱都凝聚着爱心人士的关心和厚爱,寄托着社会各界的殷切期望。希望同学们懂得珍惜、懂得感恩,用优异的成绩来回报社会各界的关爱。希望你们能接过微尘爱心的火炬,将无私的大爱精神以及社会的正能量传递下去。"青岛市微尘公益基金会的爱心理事们这样勉励学生。

互动"圆梦行动"这样参与

如果你身边有家庭困难的"准大学生",可以鼓励他们来申请大学生助学"圆梦行动"活动助学金,让他们的大学生活从自主做好这件事、申请到这份助学金开始。根据大学生助学"圆梦行动"资助范围标准,申请人应该是具有青岛户籍或在青岛有固定住所的务工人员,家庭条件困难或残疾家庭的高中毕业生,今年已经被高等院校本科专业录取,家庭确有特殊情况可放宽到被专科专业录取,申请人本人没有放弃过求学之路。申请人可以下载报名表,根据提示填写并发送到指定邮箱报名,工作人员将逐一和申请人联系核实信息。如果你是爱心单位或个人,希望资助这些品学兼优的大学生,可以拨打《青岛早报》热线电话

82888000 或青岛市微尘公益基金会电话 85830111 咨询，并且还可以参与和受助大学生的见面会活动。

孙启孟

《青岛早报》　2021 年 7 月 22 日

如何成为一个城市的精神符号?
微尘:把爱的故事写成青岛人的"公益日常"

前不久,青岛市微尘公益基金会将今年准备的首批 500 个"阳光少年爱心包"送到了莱西市沽河街道中心小学、黄岛区大村镇后茂甲小学、平度市东阁街道蟠桃小学等 5 所学校。"我们送爱心就要送到孩子的心坎上,买的东西一定要是他们最能用得上的。"经过一番精挑细选,书包、运动服、护眼灯等 6 大类 20 余种学生必备物品被装进了爱心包。"用爱点亮孩子们成长的希望",微尘基金从 2013 年与青岛团市委启动这项爱心文具公益项目以来,已经坚持了 9 个年头,今年更是将项目升级,把简单的文具扩展成整整一箱的爱心包。

微尘,是青岛人最熟悉也最骄傲的一个公益品牌,代表着这座城市的温度。它从一个化名捐献爱心的普通市民,慢慢变成一个不留姓名默默支持公益的群体,再后来成为一个城市的精神符号。如今,关于微尘的报道不似最初那么"热闹",但其实这个"精神符号"早已潜移默化在了青岛人的骨血里。正如微尘基金理事长于海波所说的那样:"微尘是你,是我,TA 代表的是青岛这座大爱之城中的每一个人。希望以我们持续不断、身体力行的公益行动,把人们内心深处那一份原本的善良迸发出来,让微尘精神保持持久旺盛的生命力,内化成市民的日常习惯和生活方式。"

一年近千万元的善款,是爱心市民 1 元、1 元攒起来的

清晨 6 点多,微尘基金工作人员的手机上发出一声特定的"铃声"。她从梦中醒来,拿起手机一看,又是那个"吴先生"打款到微尘基金账户,这已经是他第 101 次捐款,每次都是 1 元、5 元、10 元不等的零钱。"虽然额度不大,但是他的捐款持续了很久,我们猜他也是个有故事的人。"工作人员告诉记者,类似这样持续性的匿名捐款在微尘基金的账户上很多很多,许许多多的"微尘"常年默默奉献着点点滴滴的爱心。

当梦瑶还是青岛德县路小学一名 6 年级学生的时候,她就抱着自己存了 13 年的储钱罐走进了微尘基金办公室,掏出一枚一枚硬币,总共 900 多元,全部捐助给了微尘阳光少年。从那以后,小梦瑶每年都会拿出自己的压岁钱认捐。

80 多岁的宋奶奶平时省吃俭用,却把攒下来的钱定期打款到微尘基金,迄今陆陆续续已有近 10 万元,资助了 20 多位大学生。"我们都是一粒微尘,尽微薄的力量,希望让大家的生活更美好。"宋奶奶用质朴的语言,表达了每个微尘人的心愿。

"无论是面对非典、印尼海啸、汶川地震等重大灾难,还是遭遇新冠肺炎疫情爆发、河南暴雨灾害,青岛人的爱心奉献从不缺位。但除了遇到重大事件的全社会参与,平日里我们接触最多的就是这种持续的爱心奉献。"微尘基金工作人员介绍说,微尘基金每年都能收到善款数百万元,多的时候超过千万元,都是青岛人这样一点一滴攒起来的,"我们从来不知道他们是谁,但我们都知道他们为了谁"。

微尘基金凝聚着社会善意,让市民的爱心奉献方式也在慢慢发生改变——并不是看到哪里发生灾害了才去捐款,而是在日常生活中逐渐形成了一种习惯。

"那个孩子就想要个篮球,但是我们想给他的是希望"

"我曾经在帮扶一个特困家庭的孩子时问他有什么心愿,他小声说,他就想要一个篮球,他也想和其他孩子一样,抱着球在操场上奔跑。"于海波说,孩子的心愿"微薄"得让人心疼,资助阳光少年的计划就从这里起步。"因为我们不想仅仅资助他们一个篮球、一个书包，我们想要给他们带来成长的希望。人不怕穷，怕的是没有奋斗目标。"

2008 年，于海波和一些认同"微尘"公益理念的爱心企业家共同发起成立了青岛市红十字微尘基金。2019 年 3 月，注册成立青岛市微尘公益基金会，以专业化的运营继续传递微尘精神。其中，"阳光少年"项目正是微尘基金各救助项目中最具代表性和影响力的项目。微尘基金每年都会资助那些来自困境家庭的孩子，爱心足迹也早已跨越青岛，遍布全国 17 个省份。而他们在送出爱心的同时，会和孩子们约定，共赴一个更美好的未来。

少年晓乐（化名）是一个单亲家庭的孩子，从小和妈妈相依为命。在她不到三岁的时候，妈妈就先后患上白血病和胃癌，这些年来不断进行手术、化疗，不仅没法工作，还背负着巨大的医疗负担，娘俩只能靠低保以及社会爱心人士的资助生活。成为微尘基金阳光少年后，晓乐从中学开始就得到了一位"微尘"张先生的定向资助，每年获得 6000 元生活费和学费。当她拿到大学录取通知书的第一时间，微尘基金又立即为她拨付了 4000 元的大学生助学款。前不久，一位"微尘"王女士得知晓乐品学兼优，愿意提供每月 200 元的定向补贴用于她的大学生活费。一个原本艰难生存的孩子，就在众多"微尘"的接力援助下，一步步被托举着实现了自己的求学梦。而这种爱的力量不仅在本土生长，还响应国家号召，走向了甘肃陇南、贵州安顺、四川甘孜州、西藏日喀则等重点扶持地区，让来自大海的微尘之光，汇聚细微善举点亮山区孩子们的未来之路。

基金也是一个爱的"孵化器"，在公益之路上做一束引领的"光"

"其实，微尘基金的力量是有限的，我们不可能帮得了所有有困难的人。但它从诞生开始，就是城市的一道光，它在更多时候发挥的是一个引路灯的作用。"于海波说,微尘基金更像是一个爱心"孵化器",孵化慈善项目、孵化爱心志愿者、孵化公益规范。

至今,微尘基金秘书长丁德亮还记得微尘基金救助的第一个先天性心脏病患儿——文杰。"他三四岁的时候就被发现患有先天性心脏病,到 2009 年 11 岁的时候病情已非常严重,嘴唇和指甲都是紫色的。我们为他提供了 1 万元善款,但他的父亲对我们深鞠一躬说,'谢谢,我们不要救助了'。"丁德亮说,这句话让大家感觉"很揪心",因为文杰的家庭即使接受这笔救助,即使再卖掉家里的房子和仅有的一头牛,还是交不齐治疗费。后来,微尘基金理事又以个人名义再度捐助文杰,才帮这个家庭走出了泥沼。

也就是在 2009 年,微尘基金发起贫困先天性心脏病儿童救助项目,首批救助了 18 名患儿。由于先天性心脏病手术成熟,治疗效果立竿见影,引起了其他慈善机构、企事业单位的极大关注,于是越来越多的公益组织和个人都参与其中,让先天性心脏病患儿家庭的负担越来越小。

2011 年,微尘基金健康项目启动,主要针对自闭症、脑瘫患儿的康复,同时展开自闭症教育培训。那时候,大家对这一特殊群体了解不多。微尘基金特地从美国请来自闭症专家,为家长讲授症因,教授治疗方法,引起青岛市政府极大关注。后经各方协助配合,青岛出台政策,由财政拨款,给予青岛户籍的自闭患儿每人每月 500 元康复费用,减轻了患儿家庭的经济负担和精神压力。越来越多的爱心企业、组织也开始关注、了解自闭症患儿,并参与到公益行动中来,为自闭症儿童提供精神上的关爱和物质上的帮助。

"微尘基金一个很重要的社会责任感就是发现那些百姓非

常需要救助的点,然后启发爱、传递爱。"于海波告诉记者:"解政府所需、应人民所盼,引善如流——这正是微尘基金肩负的社会责任。"

一路走来,"微尘"的队伍不断壮大,"微尘"的初心却不曾改变,以善心带动善行,直面最现实的社会问题。如今,微尘基金已成为爱心市民与单位参与公益、奉献爱心的重要载体和平台,拥有数百位理事,以"生命、教育、健康"为核心的微尘基金救助项目体系日渐成熟,开展大病救助、喘息日服务、微尘阳光少年、大学生助学、博爱小学等30余个项目,累计筹集款物一亿余元,直接受益人群达10万人,爱心足迹遍布山东、河南、安徽、贵州、四川、云南、新疆、西藏、青海、江苏等全国17个省份20多个地区。

"你看,大帅又给我发信息了!"采访中,于海波的手机叮咚一响,他拿起来看了一眼,立即露出慈父般的笑容,那是他亲自参与救助的一个孩子,12年前随着父母来青卖水果的时候被查出了白血病,险些因经济困难放弃治疗。微尘基金迅速组织力量,连续三年陆续向大帅捐助,直至孩子的病被治愈,并在这个过程中帮助大帅的父亲打通了水果的销路,让他们的家庭没有后顾之忧。如今,大帅已经上高二了,成了班里的班长,他时不时就会给"于爸爸"发信息汇报近况,俨然是"一家人"。

救人于危难,予世以温暖,微尘基金总在危难之中守护着,给予困难家庭对生活的希望,同时又被他们感动着,变成微尘基金践行公益之路的不竭动力。

如今,微尘的品牌已不仅停留在理念上,它逐渐成为市民的自觉行为,已经融入了市民的内心,成了不可或缺的道德力量。每月化名"微尘"的爱心市民一如既往地奉献着爱心,捐款榜上总有源源不断的微尘故事,他们就活跃在岛城的大街小巷,让微尘精神处处闪光。正如当年微尘获评"感动中国"年度人物时推选委员会的感动印象所说:他来自人群,像一粒尘土,微薄、微细、微乎其微,寻找不到,又随处可见。他自认渺小,却塑造了伟大,这不是一个人的名字,这是一座城市的良心。

王娉　韩星

青岛日报社/观海新闻　2021 年 11 月 30 日

微尘，爱在延续

"他来自人群，像一粒尘土，微薄、微细、微乎其微，寻找不到，又随处可见。他自认渺小，却塑造了伟大，这不是一个人的名字，这是一座城市的良心。"

这段话是 2006 年青岛微尘获评"感动中国"年度人物时推选委员会的感动印象。2004 年 12 月底一对中年夫妇拿了 5 万元现金说是替朋友给印度洋海啸捐款，他们在纸上写下"微尘"两个字就匆匆走了，没有留下任何联系方式。我就打电话给《青岛早报》记者聂向峰讲述了自己的感动，于是岛城媒体纷纷开始寻找微尘，很多热心市民打来电话，有的说微尘看着像自己邻居，有的说自己有个朋友可能是微尘，还有的说自己遇到过微尘。就这样，"微尘"本人没找到，却找到了许许多多个微尘。

青岛的媒体早已放弃寻找"微尘"，因为"微尘"就在你我身边，就是一个个普普通通的人。在今天的青岛，无论是自然灾害、突发事件，还是日常的爱心捐助活动，"微尘"依然会频频出现，他们不再是固定的面孔，既有热血青年，也有耄耋老者。越来越多的人在捐款后，留下了"小小微尘、微粒、一滴水、希望、一名党员"等化名。

仅 2023 年上半年我们就收到了 21.71 万人次的捐款 1580 多万元。其中宁微尘分 3 次捐款 10 万元；喜事来分 7 次捐款 5.18 万元；袁微尘为 18 个项目捐款 50 次，总计 1.1 万元；滩里乡亲为 6 个项目捐款，每月每个项目捐款 10 元。一位 60 多岁的阿姨每次捐款都留下微粒的名字，她说自己虽然年龄大，但是和微尘的爱心比，自己的爱心很微小，所以叫微粒。2023 年 6

月赵先生将身后60%的遗产捐赠给了微尘基金。90后北京毛微尘分3次捐款30万元。一位拄着拐杖的大哥捐出了不知攒了多久的一沓零钱。我在清点募捐箱的时候，经常会发现成沓的百元大钞。2023年5月份，一位85岁的老奶奶，听力不太好，写了一张小纸条，来到青岛市红十字会捐了20元钱。在我们的捐赠目录里，个人单笔捐款最少的是1元，最多的是100万元。

财富有多有寡，能力有大有小，但爱心的传递从来不拒绝哪怕再细小的"微尘"，人们不愿意报出自己的真实姓名，但都为自己是微尘而自豪。

接受过"微尘"救助的人们，对"微尘"之爱有更深刻的理解。

"微尘"救助了患白血病、先天性心脏病、各种各样叫不上名字的恶性肿瘤的孩子，每次带领爱心人士去给孩子送慰问金，心情都久久不能平静。做父母的明明知道自己怀抱中的孩子花再多钱治疗也是人财两空，但依然愿意为自己的宝贝倾尽所有。也许微尘这微薄之心不能挽救孩子的生命，但我们希望爱心传递的真情能感动上苍，让死神畏惧而退却，哪怕能让孩子再多活一天。

"平安快乐！"是祝福的话语，也是四个孩子的名字：平平、安安、快快、乐乐。2013年7月，平度旧店镇36岁高龄产妇诞下"平安快乐"双龙凤四胞胎。四个孩子平均体重3.1斤，生下来就被送到重症监护室。

媒体报道后，众多的微尘从四面八方涌现出来。孩子们挺过了漫长的监护期，分批回到家。2016年微尘基金阳光少年走访入户，当我们一行走进九岁女孩王雯欣家里时，她的妈妈听说微尘基金的好心人来了，扑通一下就跪下了，说感谢青岛微尘救了她们一大家子。原来王雯欣的四个妹妹、弟弟，就是三年前微尘基金资助的"平安快乐"四胞胎。在院子里,四个两岁多的、长得一模一样的、光着屁股的、健健康康的小娃娃站成一排,真的好可爱、好欢喜啊!

时隔十年的今天,我又再次去看望了"平安快乐"四胞胎,转眼间四个孩子已经 10 岁了。我们一进门,孩子妈妈就喊:"孩子们快出来,微尘来了。"四个戴着红领巾的娃娃们齐刷刷地跑出来迎接,那场面着实让我激动欣喜一番!当孩子们齐声说"谢谢微尘"的时候,再一次触动了我内心的柔软,真切地感受到了"赠人玫瑰,手有余香"的真谛,感受到了自己工作的意义和价值。因为公益不仅仅是捐款,更是一份用心,是这份用心让公益的力量从星火到燎原。爱心的价值是给予,更重要的还有传递。也期待着有一天我们资助的孩子们能把爱的接力棒传递下去,成为微尘爱心大家庭的一员。

2022 年 10 月在喜迎二十大之际,在全年无休的日善堂老爸老妈免费餐厅的大院里,杜大爷激动地唱起了《没有共产党就没有新中国》,并指挥现场的群众一起高唱,虽然 84 岁高龄,手臂颤颤巍巍,但在场所有的人都感受到了一股力量,一股发自内心的感恩力量,感恩伟大的祖国繁荣昌盛。杜大爷还改编了歌词:没有共产党就没有新中国,没有新中国就没有日善堂,没有日善堂就没有老人的家……自发的大合唱在院子里久久回荡,这就是群众抒发的爱党、敬党、颂党的朴实感情。作为红十字事业的践行者,当社会奉献爱心队伍不断壮大,当受益群众感恩伟大的祖国时,我们也被他们所感动,强化了内心的责任与担当,感恩自己平凡的工作岗位也可以放飞梦想。

19 年来伴随着微尘一路走来,在爱心的路上我亲历了太多太多的感动,19 年来也见证了伟大祖国的逐渐强大和繁荣富强,19 年来我带着微尘基金理事和爱心人士到云南、贵州、西藏、新疆、安徽、河南等全国 17 个省份 20 多个地区,走到大山深处,把助学金送到每个孩子手中,让那些需要帮助的人实实在在地感受到微尘的关爱,使微尘这一公益品牌 19 年来依然保持旺盛的生命力。

19 年前走进大山深处,看到破旧的校舍、四面透风的房屋、泥泞的马路、孩子们空洞的眼神、唯一的家电电灯泡。19 年后眼前是宽敞明亮的教室、整齐的房屋、孩子们自信的笑脸。

陪伴着微尘一步步走来,春去春又来,花谢花又开……数不清的感动、温暖丝丝入心入怀,不变的是那份初心与期许……

我化名百合记录下了诸多爱心故事,在贵州、在甘肃、在新疆……我们见到了步行两小时去求学的破鞋里包裹不住的倔强,见到了那三支脏兮兮却弥足珍贵的铅笔头下写不尽的希望,见到了那明明求知若渴却懂事谦让的苦涩……只一眼,便再也停不下。

每每走进大山深处,满载着暖暖的微尘之爱,触动百合的依旧是那满眼的郁葱、那满地的牛粪、那自然的纯粹、那质朴的宁静……

一路走过的村寨,妇女们自发地清扫进村小路,只希望给娃送钱的好心人路能更好走,素不相识的老妈妈热情地邀请我们进屋喝杯热茶……

墙上的奖状让那屋舍不再阴暗,微尘的理事们被那一个个不幸中的坚强所感动。100、200、500 元钱往孩子们的手里塞,给予他们一份份温暖的微尘之爱。

令我们心动的不仅是听这样的故事、讲这样的故事,更多的是亲历这样的故事。青岛市 168 例非血缘造血干细胞捐献者是微尘,像四岁的小九月一样身后捐献器官让他人重获新生的 1086 名器官捐献者是微尘。我们身边越来越多的人,受到微尘精神的感召,悄然做着微尘的善举,微尘已经成为我们这个城市的一段历史、一道风景、一张名片。我们这个伟大的时代造就了微尘,而我们也必将像微尘一样,为自己的家园增添新的光彩,让爱的轨迹在明天延续!

陈敏

《博爱》 2023 年第 10 期

留名"微尘" 八旬老太捐款 20 万

　　2024 年 6 月 21 日，一笔 20 万元的大额捐款汇到了青岛市红十字会的公开募捐账户中，青岛市红十字会工作人员根据银行实名信息联系到这位捐款人，表示想要送去发票和感谢状（图 1）。捐款人回复，她是一名 80 多岁的独居老人，这笔款项是为广西洪灾而捐，老人希望留名"微尘"，并婉拒了进一步采访。"这样的一幕从 2004 年'微尘'为印度洋海啸捐款开始，在我们这里不断上演，我们早已习惯了。"青岛市红十字会工作人员说，"微尘"两个字是青岛人爱心的传承。

图 1　青岛市红十字会多次收到"微尘"的大笔捐款

事件

独居老人捐款 20 万元

"收到银行的对账单,我们很惊讶,这笔 20 万元的捐款只留下了汇款人的姓名,汇款方的开户行是某银行青岛四方支行。看汇款人的名字,我们猜测是位女士。"青岛市红十字会工作人员说,他们随后根据信息联系到了这位汇款人,对方表示,想用这笔捐款帮助南方洪涝灾害地区抗洪。

"我们通过电话联系到她,得知她是一位 80 多岁的独居老人,住在市北区。老人说明了自己的捐款意图,并说不希望透露更多个人信息。她说自己原本想要化名'微尘'捐款,但银行汇款要求实名,她这才留下了姓名。"青岛市红十字会工作人员告诉《青岛早报》记者,老人小心翼翼落实了工作人员的身份后,才简要说明了自己的情况:她看到媒体报道广西、江西等地近期连日降雨导致洪灾,就想帮帮那里的同胞。她想到青岛有"微尘",于是打听到青岛市红十字会的账户,通过银行汇款过去。

"在聊天的过程中,老人逐渐对我们建立了信任,但依然婉拒见面或采访,最后只肯留下自己的地址,让我们把捐款发票和感谢状给她寄去。"青岛市红十字会工作人员说,他们从这位老人透露的有限信息中了解到,她目前是独居,这 20 万元善款是攒的退休金,她觉得自己年龄大了,而且养老有党和政府保障,这笔钱自己以后很可能用不上了,所以一直想捐出来。这次南方多地发生洪灾的新闻画面触动了她,于是就付诸行动。

《青岛早报》记者了解到这条线索后,委托青岛市红十字会工作人员再次联系这位老人,请她接受采访,而老人再次婉拒。她在电话中说:"我经常读报、看电视,了解到青岛有'微尘'。你们就把我算作'微尘'中的一员吧,但行好事,莫问前程!"

　　记者了解到,青岛市红十字会将把这笔 20 万元的捐款转给江西省红十字会和广西壮族自治区红十字会各 10 万元,用于当地灾区的抗洪救灾工作(图 2)。

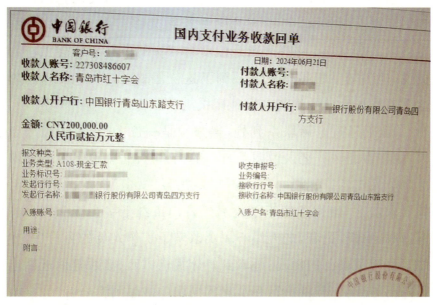

图 2　青岛市红十字会公开账号收到捐款的回单

讲述

20 年来"微尘"从未缺席

　　这样暖心的故事在青岛经常发生,因为"微尘"一直活跃在我们身边。

　　"2004 年底'微尘'来青岛市红十字会办公室捐款的一幕,仿佛还在我眼前。"青岛市红十字会筹资财务部部长陈敏说,当时一对中年男女带着现金来办公室捐款,留下了"微尘"这个名字。如今 20 年过去了,随着时代的发展,银行汇款更加便捷,也方便了寻找捐款人。但在微尘精神的感召下,很多人默默捐款做好事，不留姓名。

细数这些年，有很多普普通通的爱心市民，在同胞有难的时候来到青岛市红十字会，放下或多或少的捐款，在捐款发票和感谢状上只留下"微尘"的名字。陈敏说，前些年，青岛市红十字会设置在商场等公共场所的募捐箱内，经常出现上万元的大额捐款。近些年，银行及网上支付系统发展起来，青岛市红十字会的募捐账户里经常收到大额捐款，比如 2022 年 3 月，就有外地的"毛微尘"为青岛抗疫捐款 30 万元。青岛市红十字会在 2023 年上线的"博爱之星　月捐月美"小程序，也经常收到很多化名"微尘"的爱心人士的捐款，其中有很多人持续为某个爱心项目捐款。

在《青岛早报》记者的采访记录中，"微尘"也经常出现。很多次报道患病儿童或困境家庭的新闻时，总有人化名"微尘"来捐款、捐物帮助他们。有一次，《青岛早报》报道了一名患病儿童的故事，第二天就有一位神秘的女士悄悄来到病床前放下 1 万元钱，并且坚持不留下任何个人信息，只说自己是"微尘"。

孙启孟

《青岛早报》　2024 年 6 月 25 日

后 记

　　中国海洋大学与青岛市红十字会在学术研究方面有 10 多年的合作历史,2012 年双方联合成立"青岛市红十字文化与公益事业研究中心",开展研究并出版了《青岛红十字运动史》和《山东红十字会百年史》,完成了《滨州市红十字会一百年》和《青岛公益慈善事业发展与红十字会引领作用研究》两个研究报告,发表了系列论文。2024 年,正值青岛市红十字会诞生 110 周年和"寻找微尘"20 年,双方商议将"青岛市红十字文化与公益事业研究中心"更名为"青岛市红十字文化与微尘公益研究院",重点从事红十字文化和微尘公益研究。本书即研究院成立之后的首个合作项目成果。

　　本书能够出版,首先要感谢青岛市红十字会和青岛市微尘公益基金会。青岛市红十字会对本项目的研究给予了全面指导,他们多次到中国海洋大学来商谈项目,就研究题目、资料收集、观点表述等进行指导和交流,并参与了项目框架讨论;青岛市微尘公益基金会负责同志两次参加项目座谈,提供了大量微尘公益基金会的素材和照片,讲述了许多微尘公益基金会开展救助活动的感人故事,使本研究能够将理论与现实、文献与访谈结合起来,特别是在研究经费上给予大力支持,使本研究能够顺利开展。青岛市书法协会主席郭强先生为本书题写书名,为本书增色添彩。对于青岛市红十字会和青岛市微尘公益基金会的大力支持表示衷心感谢!

　　本书框架由我拟订后,吸收了青岛市红十字会和青岛市微尘公益基金会的意见,成为现在的框架。我们按照微尘公益基金会 20 年发展,分为实践篇、理论篇、渊源篇、展望篇四个部分,由青岛红十字文化与微尘公益研究院承担完成,15 名研究生分别承担了各部分研究工作,具体分工如下。

实践篇

一、微尘救助提升社会温度(周睿思)

二、微尘精神引领青岛城市文明(陈君玺)

三、微尘救助与社会经济共生(杨影)

四、微尘有情,大爱募捐(阚昊)

五、命运与共,大爱无疆(张瑞雪)

理论篇

一、微尘品牌创建策略及其经验(王雅萍)

二、微尘基金会提升公信力建设方式(张聪)

三、微尘基金会发展透视(张玉荣)

渊源篇

一、微尘现象兴起的传统文化溯源(郑昱潇)

二、微尘兴起的外来文化影响(韦奉丹)

三、微尘兴起的城市文化渊源(孙晓琪)

四、青岛市红十字会对微尘兴起的作用(石学芳)

展望篇

一、数字技术赋能微尘传播(朱亦婷)

二、微尘品牌丰富青岛城市品牌(修静雯)

三、国际公益组织建设的经验与借鉴(石晓媛)

本书是我们研究团队集体力量的研究成果,我虽然对每个部分进行了多次审阅和修改,但是各人写作风格不同,难于以一种语言风格和写作模式整齐划一,所以本书在主题上是统一的,但是每个部分又各有风格,体现了百花齐放春满园的特点。对于以上研究生所做的工作表示真诚谢意!

　　最后，感谢中国海洋大学出版社，编辑不仅以专业眼光对本书的格式进行了严谨、认真的修改，还对书中一些不规范的表述一一审阅和完善，使本书能够保持相当的学术水平。对于编辑一丝不苟的工作态度和认真负责的精神表示感谢。

蔡勤禹

2024 年秋于青岛市红十字文化与

微尘公益研究院